BIBLIOTHÈQUE D'HISTOIRE DE LA PHILOSOPHIE

LA NATURE ET L'ESPRIT

PAR

M. ÉMILE BOUTROUX

PROFESSEUR A LA SORBONNE

PARIS
LIBRAIRIE PHILOSOPHIQUE J. VRIN
6, PLACE DE LA SORBONNE (Ve)
1926

AVANT-PROPOS

Le présent recueil n'a pas été préparé par l'auteur. S'il avait lui-même réuni ces conférences, certaines répétitions d'idées et d'expressions qui résulteront de leur rapprochement eussent disparu.

Les seules suppressions que les éditeurs ont cru devoir se permettre portent sur quelques citations qui se retrouvaient dans plusieurs études. En voici la liste.

1° p. 53, après « nous connaissons », l. 32 :

There are more things in heaven and earth, Horatio,
Than are dreamt of in your philosophy.

2° p. 114, après « sur son passage. », l. 27 :

Ubi solitudinem faciunt, pacem appellant.

3° p. 116, après « mise en pratique, », l. 9 :

works satisfactorily,

4° p. 120, après « son âme », l. 33 :

αρμονίη ἀφανὴς φανερῆς κρείττων (Héraclite).

5° p. 122, après « du sentiment. », l. 28 :

Μηδενὶ μηδεμίαν είναι παίδευσιν παρὰ τοῦ μή ἀρεσκονος,

On ne saurait rien apprendre d'un homme pour qui on a de l'antipathie, disait Xénophon.

6° p. 139, après « du mot. », l. 35 :

Il nous est encore permis de dire avec Ménandre :

Ως χάριέν ἐσ'θ ἄνθρωπος, οταν ἄνθρωπος ἦ

« Que l'homme est une aimable chose quand il est vraiment homme ! »

7° p. 147, après « les uns des autres », l. 2 :

L'esprit, disait Gœthe, a cette puissance, d'exciter éternellement l'activité de l'esprit : *Dies ist die Eigenschaft des Geistes, dass er den Geist ewig anregt.*

8° p. 157, après « que réelle. », l. 5 :

L'imagination, disait Leslie Stephen, ne suit que de loin la raison : *The imagination lags behind the reason.*

9° p. 201, après « impitoyablement », l. 6 :

Il semble que chacun des deux dise à l'autre :

... *Nec sine te, nec tecum vivere possum.*

10° p. 225, après « dont il dérive », l. 13 :

Eadem sunt omnia semper.

11° p. 226, après « sa devise », l. 14 :

Console-toi, dit Jésus à Pascal, tu ne me chercherais pas, si tu ne m'avais trouvé.

12° p. 269, après « les individus », l. 3 :

πῶς δέ μοι ἕν τι τὰ πάντ'ἔσται καὶ χωρὶς ἕκασον

LA NATURE ET L'ESPRIT

Programme des conférences « Gifford »

données à l'Université de Glascow en 1903-1904 et 1904-1905

PREMIÈRE PARTIE

LA NATURE

I. Introduction

L'esprit a-t-il une existence, une vie, une destinée propres, ou se confond-il avec la nature ? Cette question est souvent résolue dans le sens d'un naturalisme phénoméniste, au nom de la philosophie et de la science modernes. L'enseignement, déclare-t-on, qui se dégage des progrès de l'une et de l'autre, c'est qu'au point de vue de la connaissance et au point de vue pratique la nature se suffit et nous suffit : tout ce qui dépasse la nature observable est ou nul ou inconnaissable.

Souvent, il est vrai, les partisans de l'esprit jugent ces considérations indifférentes : ils pensent sauver la réalité de la vie spirituelle en soutenant qu'elle est attestée directement par une expérience supra-sensible que ne sauraient infirmer les résultats de la science positive ou de la critique philosophique. Ils se réfugient dans ce qu'on appelle le point de vue dualiste.

Certes, le dualisme comme état d'âme est pratiquement possible et se rencontre chez des hommes éminents. Mais au regard de la critique philosophique il est peu solide, parce qu'une croyance qui est sans attache aucune risquera toujours d'être taxée d'arbitraire par ceux qui ne la partagent pas.

Je me propose d'examiner si la thèse qui est le point de départ de ce dualisme est fondée, s'il est vrai que, selon la philosophie et la science modernes, la nature, au sens empirique et phénoméniste du mot, se suffise et nous suffise. Je ne parle pas ici de la méthode suivant laquelle se forme et se développe la science. Il est reconnu que cette méthode est essentiellement expérimentale, et que la métaphysique n'y a aucune part. Mais, la science une fois faite, si nous venons à réfléchir sur ses conditions et sa signification, est-il vrai que nous puissions continuer à faire abstraction de l'esprit comme puissance originale et spontanée ?

Or, si l'esprit est, en ce sens, présupposé par notre science même et par les lois de la nature telles que cette science nous les montre, on ne peut plus dire que la vie spirituelle soit, au point de vue scientifique, un mode d'existence purement subjectif, sans fondement et sans valeur. La vie spirituelle, en tant que commençant dans la science, est, au point de vue de la science elle-même, une réalité ; et il est, dès lors, conforme à la raison de se demander si la science, à elle seule, la réalise dans sa plénitude.

Les conférences de cette année seront consacrées à la critique du naturalisme dans la philosophie et dans la science. Celles de l'année prochaine auront pour objet la vie propre de l'esprit, dans l'ordre moral, philosophique et religieux.

II. La philosophie grecque

Pour nous rendre compte des résultats auxquels aboutit le développement historique de la philosophie sur la question du naturalisme, nous considérerons, à ce point de vue, la philosophie grecque, la philosophie du moyen âge, le rationalisme moderne et le positivisme.

Les Grecs étaient essentiellement artistes et philosophes. Ils cherchaient les raisons des choses, et ils pensaient les avoir trouvées quand ils avaient dégagé, de la confusion où elles se présentent, des formes idéales, définies et parfaites, autour desquelles celles-ci venaient se grouper comme des copies autour d'un modèle. Leur philosophie fut ainsi, d'une manière générale, un naturalisme idéaliste et finaliste. Leur φύσις est intelligente et divine.

A travers des différences importantes ce point de vue se retrouve chez les philosophes antésocratiques, chez Platon et Aristote, chez les Stoïciens. La seule exception caractérisée est celle que présente le système des atomistes. Encore ces philosophes n'ont-ils garde de nier la réalité et l'excellence de l'intelligence.

Le naturalisme hellénique était une belle et grande doctrine. Pourtant, après avoir eu sa floraison, il déclina et disparut. Cette destinée est due, tout d'abord, à une cause intrinsèque. Le culte exclusif de l'exact et du parfait engendra, soit le mépris pour les choses données, lesquelles n'y peuvent atteindre, soit le renoncement de la raison à la connaissance de ce parfait, qui est sans commune mesure avec le monde dont nous faisons partie. D'autre part, plusieurs causes extrinsèques contribuèrent à dissoudre la philosophie grecque : la plus importante fut le développement d'un besoin religieux auquel cette philosophie ne pouvait répondre, et qui ne fut satisfait que par le christianisme.

Or, il résulte des raisons mêmes pour lesquelles succomba le naturalisme hellénique que la doctrine de la réalité de l'esprit ne fut pas elle-même atteinte par les coups qui le frappaient. La dissolution interne est venue de la manière dualiste dont les Grecs concevaient le rapport de l'esprit et de la matière ; et le triomphe du christianisme a résulté de la prépondérance qu'avait acquise la vie spirituelle elle-même.

III. La Scolastique

Le trait distinctif de la philosophie du moyen âge, qui a son point culminant dans la scolastique, c'est l'effort pour démontrer par la raison un ensemble de doctrines métaphysiques propres à relier, autant que possible, la philosophie hellénique de la nature et la théologie chrétienne. Tandis que la philosophie grecque était partie de l'idée d'une nature toute pénétrée de divin, et avait succombé à la dissociation de ces deux principes, la scolastique, pour qui le divin est essentiellement personnalité et perfection infinies, sépare tout d'abord radicalement Dieu et la nature, et n'accorde à cette dernière que les attributs indispensables à une existence contingente. Dès lors, rien n'empêche de concevoir la parfaite spiritualité divine comme coexistant avec la nature imparfaite. Transcendant à l'égard des choses, Dieu n'est pas touché par leur imperfection. Et l'imperfection même de la nature fournit à la raison le point de départ des raisonnements par lesquels elle établit les vérités philosophiques impliquées dans les vérités surnaturelles. Ainsi se trouvaient conciliées les conditions d'une philosophie naturelle et celles d'une philosophie religieuse.

Cette philosophie, toutefois, s'est, à son tour, dissoute. Elle a été étouffée entre le mysticisme, qui trouvait incompatible avec l'immensité divine la prétention de s'élever rationnellement du monde à Dieu, et le naturalisme matérialiste, qui se proposa d'expliquer sans aucun recours au surnaturel un monde où l'on tendait à ne voir qu'une chose inerte, destituée de causalité véritable.

Or cet échec de la philosophie scolastique n'atteint-il pas, dans ses principes mêmes, la doctrine du christianisme sur Dieu et sur l'esprit ? Telle n'en est pas, en réalité, la signification.

Ce qui a échoué dans la scolastique, c'est l'application au divin chrétien, infini et spirituel, des catégories élaborées par les Grecs en vue de la connaissance de la nature. Le syllogisme ne peut démontrer l'infini en partant du fini. Mais peut-être existe-t-il d'autres voies que le raisonnement par concepts, pour s'élever méthodiquement de la nature à l'esprit.

IV. Le rationalisme moderne

La philosophie moderne représente tout d'abord une réaction contre la Scolastique, accusée de stériliser, par son appel à des causes transcendantes, les sciences de la nature. Le problème capital devient celui des conditions de la science. On veut obtenir une science certaine de la réalité donnée.

Descartes démontre que les principes d'une telle science ne se peuvent trouver que dans des idées à la fois innées à la raison et valables pour les choses; et le rationalisme devient ainsi la forme maîtresse de la philosophie. Il assure, semble-t-il, l'intelligibilité de la nature, et en même temps il garantit la réalité du monde spirituel. Car dans la raison se trouvent des principes qui nous introduisent dans ce monde, aussi bien que des vérités propres à régir le monde matériel. L'idée de l'infini est proprement le trait d'union du matériel et du spirituel. Une telle philosophie constitue le fond des systèmes de Descartes, Spinoza, Malebranche, Leibnitz.

Cependant cette philosophie présentait, dès l'abord, une difficulté : comment passer de la pensée à l'être ? comment prouver que des idées tirées de la raison sont valables pour les objets de l'expérience ? La science newtonienne parut démontrer que l'expérience, par elle-même, pouvait fournir une connaissance aussi certaine que réelle ; en sorte que la philosophie de l'expérience, qu'avaient inaugurée Bacon et Locke, finit par l'emporter. Et la proposition : « toutes nos connaissances viennent de l'expérience » acquit la force d'un axiome.

Dès lors, le rationalisme cartésien était atteint dans son principe même. Faut-il conclure que la raison elle-même fut vaincue avec lui, et réduite à n'être, conformément à la doctrine empiriste, que la trace confuse de l'expérience accumulée ?

A vrai dire, il devint évident, avec le progrès des sciences, que la raison ne peut, par elle-même, dicter les lois constitutives de la nature. Mais Kant montra que si, selon l'ordre du temps, toutes nos connaissances dérivent de l'expérience, l'expérience, en revanche, ne saurait se suffire au point de vue de l'analyse philosophique, et que sa forme et son autorité ne peuvent lui venir que de la coopération de la raison. L'expérience engendre toutes nos connaissances relatives aux choses, mais suppose elle-même la raison. Ce résultat de la critique de Kant n'a pas été sérieusement ébranlé par la critique ultérieure. Il demeure solide aujourd'hui encore.

V. Le Positivisme

Nous avons vu comment, à la défaite du naturalisme finaliste des Grecs, du théologisme transcendant de la Scolastique, du rationalisme moderne a survécu, en réalité, le principe spiritualiste, atteint sans doute dans telle ou telle forme qu'on lui attribuait, mais non en lui-même. Cependant de nos jours, une doctrine s'est produite qui prétend ruiner définitivement ce principe, non plus en démontrant qu'il n'est pas fondé, mais en exposant comment le progrès naturel de l'esprit humain doit nécessairement le déshabituer d'en faire usage et de l'admettre. Cette doctrine est le positivisme. Sous sa forme la plus précise et la plus moderne, cette doctrine tend à remplacer la discussion philosophique par l'histoire. considérée comme capable d'opérer, à elle seule, le départ de ce qui est mort ou destiné à périr, et de ce qui est vivant et appelé à se développer dans l'avenir.

Dès maintenant, le positivisme se croit en mesure de déterminer infailliblement la forme définitive de l'esprit humain. Cette forme est l'objectivité. Dans les données de l'expérience, l'esprit doit trouver tout ce qui est nécessaire et suffisant pour satisfaire tous ses besoins réels. En ce qui concerne la connaissance théorique, il tend partout à substituer, à l'explication par des volontés ou par des concepts, l'explication par les lois physiques ou relations constantes entre des faits. En ce qui concerne la pratique, il substitue à des fins transcendantes ou idéales, la marche historique des collectivités humaines dans un sens défini, et l'obligation pour l'individu de marcher dans le même sens que la collectivité dont il fait partie. De ces principes, il résulte que la faculté même de concevoir des réalités supra-phénoménales doit peu à peu disparaître de l'esprit humain, comme un organe qui ne fonctionne plus.

Certes la discussion philosophique est difficile sur le terrain où ce système se place. Elle n'est pas impossible pourtant. Car ce système, malgré qu'il en ait, implique encore des postulats métaphysiques.

Et d'abord, qui nous autorise à tenir pour mort ce qui est passé, par cela seul que cela est passé. L'histoire a ses *corsi e ricorsi*, selon l'expression de Vico. Bien des réalités, d'ailleurs, notamment dans l'ordre pratique, dépendent de la volonté et de l'énergie de l'homme. C'est nous qui savons si nous voulons les maintenir ou les laisser tomber.

Pour ce qui est de l'ordre théorique en particulier, il est impossible d'éliminer de la série des sciences la psychologie, et il est impossible de trouver des frontières réelles entre la psychologie et la métaphysique. Et ainsi la nature proprement dite tient à une réalité qui la dépasse.

Nous accorderons au positivisme que la science, désormais, quant à son développement dans le temps, ne suppose pas la métaphysique. Mais il ne s'ensuit pas qu'elle se suffise et qu'elle nous suffise, si nous réfléchissons en philosophes sur ses conditions, d'une part, et sur la destinée de l'âme humaine, d'autre part.

VI. La méthode scientifique

Nous avons examiné les phases principales de l'histoire de la philosophie, et nous avons trouvé que, dans ses éléments essentiels, la doctrine de la réalité de l'esprit résiste aux attaques qui ont ébranlé ou renversé les systèmes. Mais la science proprement dite s'inquiète-t-elle de ces doctrines et n'est-elle pas, en fait, destinée à étendre son empire sur tous les domaines sans exception ? Après avoir examiné l'idée de nature dans la philosophie, il importe donc que nous l'examinions dans la science. Ce sera l'objet des conférences VI-XI.

Nous considérons en premier lieu la méthode scientifique en général. Cette méthode, aujourd'hui bien définie et reconnue inattaquable, n'exclut-elle pas, d'avance, et indépendamment de ses résultats, toute signification métaphysique attribuée à l'idée de nature ?

La thèse naturaliste invoque dans ce sens les arguments suivants :

1° La méthode scientifique implique, dans l'objet à connaître, l'existence de la causalité dite naturelle, c'est-à-dire l'existence de causes purement naturelles agissant suivant des lois également naturelles.

2° La méthode proprement scientifique réussit dans un nombre croissant de domaines : dans ceux de la matière, de la vie, de la pensée même.

3° Nous sommes dès maintenant fondés à dire qu'en droit elle s'applique à tout ce qui tombe sous nos prises. Car partout nous trouvons des faits et des relations, et les lacunes de notre science s'expliquent facilement par la complication des choses et par l'imperfection de nos organes naturels ou artificiels. En principe, il est permis, dès maintenant, de soutenir que la nature pour nous n'a plus de mystères.

Ces arguments sont-ils décisifs ?

S'il est vrai que, de plus en plus, la science étend sa compétence à tous les domaines, il faut remarquer que ce n'est pas partout exactement dans le même sens. Ni les termes ni les rapports ne sont de même nature dans les sciences mathématiques, physiques, biologiques et morales. Or, si l'on prend le mot science dans un sens large, il n'est pas évident qu'elle implique nécessairement un objet tel que se le figure le naturalisme phénoméniste ; et si on le prend dans le sens strict de la science mathématique ou physique, il devient faux que l'étude de la vie et de la pensée rentre purement et simplement dans le cadre des sciences.

En second lieu, constate-t-on jamais, peut-on même vérifier rigoureusement une application exacte des conditions de la méthode scientifique aux objets que nous offre la nature? Pouvons-nous retrouver exactement dans les choses le nombre et le continu mathématiques, le fait séparable des autres faits et la liaison purement externe, qu'implique la causalité dite naturelle ?

Enfin la causalité naturelle elle-même est-elle exclusive de toute causalité métaphysique ? Si elle exclut une causalité métaphysique qui serait posée avant elle et aurait pour effet de la rendre inutile, elle n'exclut nullement, elle implique, au contraire, un esprit qui s'efforce d'y adapter les phénomènes, ceux-ci n'en offrant jamais qu'imparfaitement les conditions.

VII. Les sciences mathématiques

Après avoir examiné la méthode scientifique en général, nous considérerons chaque groupe de sciences en particulier, et d'abord les sciences mathématiques.

Selon la thèse naturaliste, ces sciences ne manifestent aucune activité propre de l'esprit. Prises en elles-mêmes, elles ne supposent autre chose que l'expérience, sous sa forme la plus générale, et la logique, ou raisonnement régi par le seul principe de contradiction. Et quant à leur applicabilité aux choses concrètes, elle s'explique par la propriété qu'ont la géométrie et la mécanique de nous offrir des intermédiaires entre la quantité pure et les qualités sensibles.

En ce qui concerne le premier point, à savoir l'explication

de la possibilité des mathématiques, l'insuffisance de la théorie empirique est aujourd'hui généralement reconnue. Les objets mathématiques possèdent des propriétés telles que l'exactitude, l'homogénéité, l'infinité, qui sont incompatibles avec les conditions mêmes de l'existence.

Ces objets ne s'expliquent pas non plus comme simples applications de la logique générale réduite au principe de contradiction. En effet :

1° Le raisonnement mathématique va en réalité du particulier au général.

2° L'emploi de symboles de plus en plus artificiels, l'impuissance invincible à réaliser absolument l'idéal de clarté et de rigueur que l'on poursuit, prouvent que le mathématicien cherche à enfermer dans ses formules une essence qui les dépasse.

Or la synthèse du nombre et de l'infini actuel, en laquelle on peut résumer les conditions des mathématiques, intelligible dans un objet empiriquement donné, se conçoit, au contraire, si on y voit l'expression symbolique de l'activité de l'esprit. Les mathématiques sont intelligibles en tant qu'effort de l'esprit pour exprimer sa propre existence sous la forme de la quantité.

En ce qui concerne le second point, c'est-à-dire l'applicabilité des mathématiques aux choses réelles, ni la géométrie ni la mécanique ne donnent raison au naturalisme.

L'espace géométrique, auquel s'applique le calcul, n'est nullement l'espace représentatif, soit visuel soit tactile. C'est un espace continu, infini, à trois dimensions, homogène, isotrope, donc purement idéal. Entre cet espace et les choses il n'y a pas coïncidence : il n'y a qu'une correspondance, laquelle ne peut être jamais conçue comme exacte. De plus, si le calcul s'applique à cet espace, il ne suffit pas à le déterminer. Cet espace n'est que l'une des réalisations, en nombre infini, que comportent les nombres algébriques.

D'une manière analogue, le mouvement et la force auxquels s'appliquent les formules mathématiques ne sont pas le mouvement et la force réels, mais des objets idéaux, insaisissables à l'expérience et à la pure logique. Et il n'y a pas identité, il n'y a qu'une correspondance, invérifiable dans sa teneur exacte, entre ces formes idéales et les réalités empiriques. De plus, la mécanique mathématique, loin de dériver purement et simplement des mathématiques proprement dites, n'en est qu'une réalisation contingente, occasionnée par les problèmes que nous pose l'expérience.

En résumé, dans les mathématiques, l'esprit peut être considéré comme cherchant l'expression de lui-même la plus susceptible de s'adapter aux réalités sensibles.

VIII. Les sciences physiques

Le naturalisme attache d'ordinaire moins d'importance aux conditions des sciences mathématiques, sciences purement abstraites, qu'à celles des sciences de la réalité donnée; et il invoque avant tout les sciences physiques, comme se constituant désormais par la seule expérience. Tandis qu'Aristote avait besoin, pour expliquer les changements de corps tels qu'il les concevait, de causes finales plus ou moins transcendantes, la science moderne extrait les lois de la nature des phénomènes eux-mêmes. Elle trouve au sein même des choses données et les éléments fixes et les principes de changement déterminé, qui sont nécessaires et suffisants pour classer et pour prévoir, opérations auxquelles se borne désormais l'explication scientifique. La notion de causalité dite mécanique résume ce trait caractéristique de la physique moderne.

Telle est, en effet, la physique moderne. Mais si l'on réfléchit, soit sur les opérations intellectuelles qu'elle suppose, soit sur les idées qu'elle suggère touchant la nature des choses, on trouve qu'elle ne témoigne nullement en faveur du naturalisme philosophique.

En ce qui concerne sa formation, la science physique ne s'explique, ni par l'expérience pure et simple, que dépassent l'induction expérimentale et la physique mathématique ; ni par la logique pure, qui ne peut rejoindre le donné empirique ; ni par les mathématiques, qui ne font que coordonner les matériaux fournis par l'observation. La physique suppose nécessairement l'hypothèse, et demeure suspendue à des hypothèses. Et l'hypothèse est construite d'après les idées d'unité, de simplicité, de continuité ; donc elle est l'œuvre d'une intelligence qui n'est pas un épiphénomène et un reflet des choses, mais qui a sa nature et son activité propres.

Quelle est, maintenant, l'idée de la nature des choses que suggèrent les principes de la science physique ? On peut considérer dans une loi physique deux éléments : les termes et les rapports. Le premier, les termes, est en réalité illusoire : qu'on se les figure sous forme de masse, de mouvement, ou d'énergie, la science ne voit dans ces représentations que des symboles sans valeur réelle, et dont elle cherche à se passer. Les termes eux-mêmes doivent se résoudre en rapports. Leur signification est dans les rapports dont ils sont les synthèses imaginaires.

Ces rapports consistent essentiellement dans des expressions de la relation générale de causalité mécanique, que l'on peut ainsi formuler : A est lié à B d'une manière constante. De plus les phénomènes physiques sont considérés comme présentant, dans leurs éléments, une homogénéité et une continuité relatives, condition de l'existence de la physique mathématique. Et la nature, dans son ensemble, est supposée relativement une et simple.

Or une telle causalité demeure pour nous un assemblage empirique et inintelligible de concepts, tant que nous essayons de la rapporter à une chose dont l'esprit ne serait que le spectateur passif. Elle apparaît, au contraire, comme possible réellement, si on la compare à une forme de l'activité que nous trouvons en nous-même et dont nous prenons connaissance par la conscience, à savoir l'habitude. Car, dans l'habitude, un état A est suivi régulièrement d'un état B, sans qu'entre les deux états, pris isolément, il existe pour la conscience aucune relation intelligible.

Et le point de vue du déterminisme mécanique, que la nature ne nous impose pas, s'explique, si l'on considère que seul il nous permet de nous représenter les choses comme soumises, en quelque mesure, directement ou indirectement, à notre pouvoir, c'est-à-dire à notre volonté.

Si donc les sciences physiques ne reposent pas sur la croyance à la valeur de l'esprit, elles y conduisent.

IX. La biologie

Les sciences physiques fussent-elles pleinement intelligibles du point de vue naturaliste, on ne saurait, de là, conclure immédiatement qu'il en est de même des sciences biologiques. Mais la biologie est elle-même présentée par le naturalisme comme n'ayant besoin, pour se constituer, que de phénomènes et de relations. Les uns admettent qu'en droit, sinon en fait, la biologie rentre dans les sciences physiques, la différence n'étant que dans la complication. Les autres, considérant, il est vrai, la fonction organique comme irréductible au déterminisme physique, n'en estiment pas moins que cette fonction est donnée comme phénomène, et rentre ainsi dans le type général de l'objet à connaître, tel que le conçoit le philosophe naturaliste.

Que la vie se réduise à un mécanisme physique, c'est ce qui paraît impossible pour plusieurs raisons.

Si les êtres vivants sont exactement décomposables en éléments physico-chimiques, ils n'ont plus, en tant que vivants, aucune réalité. Or leur réalité ne peut être niée raisonnablement. Car toutes les explications qu'on donne de leur structure et de leurs fonctions reposent sur cette idée, que leur existence comme tout individuel, comme harmonie distincte, est pour eux un objet qu'ils tendent à réaliser et à conserver. Et il est impossible de ramener l'harmonie à un simple mécanisme : il faut, en effet, pour l'expliquer, faire intervenir non seulement la fixation des caractères utiles, mais la production même de ces caractères, ce qui suppose une direction extra-mécanique des forces.

Peut-on maintenant s'en tenir à la notion de fonction comme à une notion expérimentale irréductible ? Ce qui, peut-être, est permis au savant ne l'est pas au philosophe. Du point de vue objectif, une fonction, considérée comme la détermination du présent par l'avenir, de ce qui est par ce qui n'est pas, est une conception absurde. Au point de vue de la conscience, au contraire, une telle détermination est intelligible, parce que ce qui n'est pas encore comme réalité objective peut exister déjà en quelque manière comme tendance du sujet, du moi. Et en attribuant aux vivants quelque chose comme le sentiment d'une activité tendant à la création et à la conservation de soi, nous pouvons concevoir, non seulement l'apparence, mais l'existence d'une finalité organique, d'une nature vivante.

Donc la biologie ne peut, au point de vue philosophique, se contenter de simples phénomènes sur quelque chose d'analogue aux tendances que notre conscience saisit en nous.

X. La psychologie

Lors même que les sciences de la quantité, de la matière et de la vie apparaîtraient comme conditionnées dans leur existence et leur intelligibilité par des éléments psychiques, il ne s'ensuivrait pas que la science mène véritablement à des assertions d'un caractère métaphysique, parce que la psychologie elle-même peut être conçue comme une science de purs phénomènes.

Déjà la psychologie dite associationniste a tenté de se constituer comme science purement positive. Les difficultés qu'elle a rencontrées l'ont fait aboutir à la psychologie paralléliste, suivant laquelle, grâce à l'admission de l'inconscient, le psychique et le physique peuvent être considérés comme les deux côtés, l'un concave, l'autre convexe, d'une même courbe; de telle sorte que les liaisons peuvent être étudiées à volonté, selon les cas, soit du côté mental, comme le voulaient les associationnistes, soit du côté physiologique, comme le voulaient les matérialistes. De la sorte, la psychologie, dans tous ses domaines, trouve des phénomènes et des liaisons, c'est-à-dire les éléments d'une science positive. Le reste est inutile et inconnaissable.

A cette manière de voir on peut faire plusieurs objections:

1° De la thèse même de la psychologie paralléliste il résulte que le psychique et le physiologique sont déclarés irréductibles l'un à l'autre. Le concept de nature, dans ce système, n'est donc un que formellement. On admet, dans la nature, des êtres radicalement divers. Comment, dès lors, conclure à une unité fondamentale ?

2° Les données spéciales que l'on appelle faits psychiques sont-elles de simples faits, au sens précis du mot ?

Il faut remarquer que ces données n'existent sous leur forme propre que rapportées à une conscience, c'est-à-dire à une individualité, actuelle ou potentielle. La réalité de cette conscience est la condition de leur réalité. Or, dans la conscience nous trouvons le sentiment d'un être véritable, en comparaison duquel tout le reste nous apparaît comme pur signe ou symbole, et assemblage de symboles. Et si nous nous demandons pourquoi nous fixons devant notre regard et combinons ces signes ou représentations, nous trouvons que c'est parce que nous attribuons à notre être une propre valeur, et que nous voulons, non seulement le conserver, mais encore le perfectionner : ces signes sont nos moyens naturels pour réaliser les fins idéales que nous poursuivons.

Et ainsi les faits psychologiques ne sont pas de simples

faits : ils enveloppent des éléments insaisissables à l'expérience proprement scientifique.

3° Le parallélisme que l'on pose est, lui aussi, une notion inadéquate.

Et d'abord, ce parallélisme est invérifiable. Ni l'on ne peut quantifier le fait psychique lui-même, ni l'on ne peut, dans le fait psychique, isoler exactement une qualité du tout dont elle fait partie. D'ailleurs, on ne peut admettre ce parallélisme qu'en faisant appel à l'inconscient, c'est-à-dire à un principe irréductible à la précision scientifique.

Le parallélisme que l'on invoque n'est, en réalité, qu'une manière de se représenter, par l'imagination, les rapports de l'âme et du corps. La distinction du moral et du physique, telle qu'elle est conçue dans cette théorie, est artificielle. Ce n'est qu'une classification symbolique des apparences.

En conséquence, la psychologie ne suppose pas seulement l'activité de l'esprit, elle est cette activité même, se repliant sur soi, pour essayer de se saisir et de se connaître.

La psychologie objective s'arrête au seuil de la vie psychique. La psychologie complète associe à la psychologie objective l'intuition et la vie de l'esprit.

XI. La sociologie

A. Comte professa que, pour faire de la coordination systématique de relations phénoménales la forme universelle de la connaissance des choses, il était nécessaire et suffisant de couronner l'édifice des sciences existantes par une science nouvelle, qu'il appela sociologie. Mais, telle qui la conçut, la sociologie n'était encore qu'imparfaitement scientifique. Elle devient au contraire une science vraiment positive, si l'on peut, comme plusieurs le veulent aujourd'hui, la soumettre rigoureusement à ces deux principes : objectivité et déterminisme. Les faits que l'on considérera seront les produits abstraits de l'activité sociale, tels que les mœurs, les institutions, les langues, les religions, etc. Les lois seront les modes de l'évolution historique.

La question que soulève cette conception de la sociologie est la suivante : l'histoire peut-elle arriver à supprimer l'homme, pour ne laisser subsister que des faits humains ?

1° Le déterminisme que l'on invoque ici est une solidarité proprement sociale, irréductible aux déterminismes inférieurs. On admet donc qu'il y a un règne social, qui selon notre science, a une existence propre et distincte. Cet hiatus soulève, comme les précédents, de graves problèmes philosophiques.

2° Les faits que l'on prend pour points de départ sont-ils de simples faits ?

a) Ces faits sociaux, moraux, religieux, ont besoin d'être interprétés, et l'on ne peut se dispenser, pour en déterminer la signification, de faire appel au jugement, à l'introspection, à la conscience.

b) Parmi ces faits on trouve des données telles que : les combinaisons de l'intelligence, les créations du génie, le sentiment, l'énergie, la lâcheté, l'héroïsme. Sont-ce là de simples phénomènes objectifs, déterminés exclusivement par d'autres phénomènes ?

3° Le déterminisme sociologique est-il une notion claire ?

La notion d'évolution historique est ambiguë. Tantôt on insiste sur l'idée d'évolution, tantôt sur l'idée d'histoire.

Si l'on applique aux faits sociaux l'idée philosophique d'évolution, on fait, il est vrai, participer leur succession au genre de nécessité que porte avec lui le système évolutionniste. Mais on ne peut, ni justifier sociologiquement la loi d'évolution que l'on adopte, ni en vérifier la réalisation dans le cours des choses, tel qu'il nous est offert par l'histoire. Toute histoire évolutionniste est factice et abstraite.

Si, d'autre part, on fait prédominer le point de vue de l'historien, on ne risque sans doute plus de laisser échapper la réalité concrète et véritable, mais on ne réussit pas à assurer le déterminisme des phénomènes. La méthode que l'on emploie à cet égard consiste en général, d'une part, à remonter d'un fait donné à ses antécédents, d'autre part à prolonger au delà du fait présent la courbe qui exprime la marche des faits passés. Mais ni l'un ni l'autre de ces procédés ne donne ce qu'on lui demande, le premier, parce qu'il est artificiel, le second, parce qu'il est incertain.

Les sociétés humaines ne sont pas des choses évoluant d'une façon automatique, elles sont l'humanité elle-même, se développant par l'union morale des hommes entre eux, et réalisant par là des formes d'existence de plus en plus hautes.

XII. Conclusion

L'objet de nos conférences est de rechercher si la nature se suffit et nous suffit. Dans cette première série nous nous en sommes tenus à la première question. Nous l'avons examinée à l'aide de l'histoire de la philosophie, et à la lumière des sciences positives.

Nous avons reconnu qu'au double point de vue de la philosophie et des sciences positives, une conception de la nature s'est dégaée, d'après laquelle la science n'a besoin, pour se constituer et se développer, d'aucun principe extra-naturel. Selon cette conception, la nature est un composé de phénomènes liés entre eux par des relations constantes. L'expérience et la classification logique suffisent à procurer, d'un tel objet, cette science objective et pratique, qui est la véritable ambition de l'homme. Donc au point de vue strict de la science positive la nature se suffit. Et nous entendons par là que la métaphysique doit, ainsi que l'a reconnu Kant, renoncer au rôle de maîtresse de la science, qu'elle avait cru jadis devoir assumer.

Mais il ne s'ensuit pas que la nature conçue comme système de phénomènes se suffise aux yeux de notre raison, si celle-ci vient à réfléchir sur les conditions et sur les résultats de la science.

D'une manière générale, la science est un système de symboles destiné à nous procurer une représentation commode et utilisable de réalités que nous ne pouvons directement connaître. Or l'existence et les propriétés de ces symboles ne s'expliquent que par une activité originale de l'esprit. De plus, à mesure que la science serre de plus près la réalité, surtout dans l'ordre psychologique et social, il devient évident que dans ce qu'on appelle phénomène, on enveloppe quelque chose d'extra-phénoménal, emprunté à la conscience que l'esprit a de lui-même. Si donc tout peut être connu scientifiquement, en tant que tout présente une face phénoménale, en revanche tout phénomène, pour la réflexion philosophique, enveloppe ou suppose l'esprit comme réalité.

Il n'est pas nécessaire, pour maintenir la légitimité de la vie de l'esprit comme telle, de la transporter dans un monde à part, sans lien aucun avec le monde dont s'occupe la science, ce qui risque toujours de faire apparaître ce monde supérieur comme chimérique. La science elle-même, pour qui en critique les conditions, nous y introduit. La nature nous fournit un point d'appui pour dépasser la nature.

L'esprit, maintenant, n'a-t-il d'autre usage légitime que de rendre possible et d'interpréter la science de la nature ? Ne peut-il, en se servant de cette science même, poursuivre en outre des fins propres, et chercher à réaliser une perfection dont lui-même détermine l'idée ? C'est ce qu'il nous reste à examiner, et ce qui fera l'objet de la seconde série de nos conférences.

DEUXIÈME PARTIE

L'ESPRIT

I. Le problème

L'objet général de ces conférences est de déterminer le rapport de l'esprit à la nature. Ne fait-il qu'un avec elle (naturalisme) ? S'en distingue-t-il radicalement (dualisme) ? Ou le rapport en question est-il quelque chose de plus subtil et de plus difficile à définir que l'identité ou la séparation ?

Dans les conférences de l'année dernière nous nous sommes demandé si la nature, telle que nous pouvons la connaître, se suffit à elle-même. Nous avons consulté à ce sujet l'histoire de la philosophie et la science actuelle.

L'histoire de la philosophie nous a montré la persistance, à travers les vicissitudes des systèmes, d'une philosophie de l'esprit, irréductible à celle de la nature, mais cherchant de plus en plus à former, avec cette dernière, un ensemble lié et harmonieux.

Quant à la science, considérée dans son origine, elle ne s'explique, ni par le simple jeu mécanique des impressions, ni par le raisonnement purement logique : elle suppose une activité originale de l'esprit, créant des concepts et des symboles propres à relier entre eux rationnellement les phénomènes. Considérée dans sa fin, elle tend à former, du monde donné, une représentation qui satisfasse le besoin d'unité, de simplicité, d'universalité, et aussi d'empire sur les phénomènes, qui caractérise l'esprit.

La nature donc, telle qu'elle se présente dans nos conceptions, ne se suffit pas ; elle suppose l'esprit. La connaître et la comprendre, c'est, pour l'homme, la rattacher à l'esprit.

Les conférences qui vont suivre ont pour objet de rechercher si l'esprit, de son côté, peut se contenter de la nature comme champ et objet de son activité, si la nature lui suffit.

La doctrine suivant laquelle la nature nous suffirait est le positivisme scientifique. Suivant cette philosophie, d'une part, nous ne pouvons, en fait, dépasser la nature qui nous enserre; d'autre part, nous n'en avons en réalité nul besoin.

Cette doctrine est de grave conséquence. Si on l'admet, la science positive est seule qualifiée pour satisfaire les besoins, soit spéculatifs, soit pratiques, de l'humanité. Or, dans l'ordre théorique, la science tend à dissoudre tout ce qui nous apparaît comme substance, pour ne laisser subsister que des relations. Dans l'ordre pratique, elle conduit à considérer comme illusoires les concepts de possibilité, d'activité et de valeur. Elle ne laisse, dès lors, subsister en dehors d'elle, relativement aux choses suprasensibles, que l'agnosticisme ou la poésie.

Est-il vrai que la raison humaine ne puisse garantir d'autres conclusions ? La question mérite d'être examinée.

II. La méthode

On pourrait soutenir que ce qui importe, c'est de vivre de la vie de l'esprit, non de démontrer que cette vie est possible et légitime. Et, en effet, c'est ce qui importe pratiquement. Mais l'homme, en tant que capable de réflexion, est philosophe, et a besoin de justifier sa conduite à ses propres yeux.

Quelle méthode convient-il de suivre pour se rendre compte de la réalité et de la valeur de la vie spirituelle ?

I. — Si nous consultons l'histoire de la philosophie, nous voyons les penseurs employer successivement les trois méthodes suivantes :

1° Méthode d'immanence. Pour les Grecs, l'esprit n'était que l'achèvement de la nature. Ce point de vue était très raisonnable, et admettait un véritable idéalisme ; mais il ne permettait pas à l'infini qui est au fond de la conscience de se déployer librement.

2° Méthode dualiste, ou de transcendance. Le scolastique sépara le naturel et le surnaturel, et admit, comme sources de connaissance de l'un et de l'autre, deux autorités : Aristote et la Révélation. Puis le rationalisme moderne opposa entre eux les sens et la raison, comme deux intuitions ou expériences distinctes, qui nous découvrent deux mondes extérieurs l'un à l'autre.

L'avantage de ce point de vue est de rendre impossible tout conflit entre les deux principes. Mais la philosophie ne peut se dispenser de poser la question du rapport de ces deux mondes ; et, soit dans le système dualiste pur et simple, soit dans celui de la transcendance, elle ne peut résoudre cette question d'une manière satisfaisante.

3° Idée d'une conciliation de l'immanence et de la transcendance. Chez Kant se manifeste d'une façon croissante le besoin de relier entre eux la nature et l'esprit, tout en maintenant leur distinction essentielle. Kant conçoit la raison comme faisant, suivant ses lois, la synthèse de l'intuition et du concept, de l'être et du devoir être, de la nature et de l'esprit. C'est sur cette base que se sont édifiés les grands systèmes métaphysiques modernes. Ils ne sont pas maintenus dans leur forme historique ; mais leurs principes essentiels sont encore debout : c'est, en premier lieu, la substitution de l'esprit comme vie et activité à l'esprit comme substance et essence immuable ; c'est, en second lieu, l'idée d'une relation entre la nature et l'esprit telle qu'elle surmonte à la fois le panthéisme et le dualisme.

II. — Notre tâche est de concilier et de dépasser l'immanence et la transcendance. Il faut remarquer que ces deux termes, pris à la lettre, sont imaginatifs, et ne constituent, en définitive, que des métaphores.

Quels sont, pour établir l'existence de la vie et de l'esprit : 1° les données dont nous disposons ; 2° les critères que nous pouvons appliquer ; 3° les principes généraux que nous pouvons poser ?

1° Nous disposons de deux points de vue sur la réalité : la science et la vie. La science fait des analyses et des synthèses mécaniques, et jamais ne parvient à l'unité véritable. L'intuition vivante part de l'unité, d'une unité concrète que nulle synthèse artificielle ne peut reproduire.

2° Comment établir que les données de l'intuition vivante ont une valeur, à côté de celles de la science ? D'abord, la science elle-même peut les confirmer par les inductions qu'elle suggère. Ensuite, les données de l'intuition prouvent leur valeur par leur aptitude à développer et à harmoniser la vie spirituelle dans les individus, dans les sociétés et dans l'humanité. L'histoire et la vie nous fournissent, à cet égard, des témoignages qu'il dépend de nous d'analyser.

3° La nature et l'esprit nous apparaissent comme une dualité irréductible, si nous les considérons du point de vue de la nature et de la science, mais comme soutenant entre eux un rapport spécial qui participe à la fois de la transcendance et de l'immanence si nous les considérons du point de vue de la conscience et de la vie : car, en tant que personnes, nous sommes, à la fois, et nous-mêmes et parties intégrantes de l'Univers.

III. Le concept d'esprit

Avant de rechercher les différentes formes légitimes de la vie de l'esprit, il convient de déterminer, d'une manière générale, le concept d'esprit.

Suffit-il de considérer l'esprit comme la forme ou l'acte vers lequel tend naturellement la matière, ainsi que le firent en général les philosophes grecs ? — Cette doctrine assure bien la réalité de l'esprit, mais ne lui permet pas de déployer librement toute son essence.

Faut-il donc considérer l'esprit comme une substance distincte, ainsi qu'Anaxagore en donna l'exemple, et comme les rationalistes modernes s'y appliquèrent ? — Outre que l'existence de cette substance ne peut être prouvée que par l'appel à une intuition intellectuelle toujours contestable, la notion de substance s'accorde mal avec l'infini et la liberté qui constituent l'originalité de l'esprit.

Ces deux doctrines correspondent à l'emploi de ces méthodes d'immanence ou de transcendance que nous avons reconnues insuffisantes. Nous devons, certes, considérer l'esprit à l'aide de la connaissance que nous avons de la nature, mais, s'il se peut, du point de vue de l'esprit lui-même.

L'opération où il se manifeste est l'acte de conscience. Cet acte est essentiellement un. En même temps il a toujours un contenu décomposable. Les éléments que l'analyse peut ainsi discerner sont irréductibles à l'homogénéité, et se distinguent par là des choses matérielles. L'esprit se montre créateur de formes, de déterminations, de lois, dont les lois physiques offrent des symboles. Il y a lieu de distinguer :

1° Des lois de connaissance. Elles constituent l'intelligence. Aucun objet n'est donné à l'intelligence purement et simplement, et l'intelligence n'est pas donnée à elle-même. Elle se crée en exerçant sa fonction, laquelle consiste à inventer des signes combinables entre eux suivant des lois et substituables aux choses, que nous ne pouvons nous assimiler directement.

2° Des lois de production. Elles constituent l'imagination. Ni la passivité pure et simple, ni l'association des idées ne peuvent expliquer les constructions de l'imagination. Celle-ci est vie et génie, et superpose au donné des formes qui ne s'y ramènent pas.

3° Des lois d'action. Elles constituent la volonté. Celle-ci crée, pour régler les actions de l'être raisonnable, une législation, dite morale, qui ne se ramène pas aux lois physiques

4° Des lois d'union vivante. Elles constituent le sentiment. Par l'amour, les personnes peuvent s'unir, sans s'absorber l'une dans l'autre ni perdre leur existence propre.

Dans toutes ces réalisations de la vie de l'esprit apparaît le même caractère : le développement, la vie et la liberté, irréductibles à l'inertie et à l'immutabilité qui caractérisent ce que nous appelons matière.

IV. La logique

La vie propre de l'intelligence se manifeste : 1° par la logique, ou effort vers la cohérence de la pensée ; 2° par la métaphysique, ou recherche du rapport de notre pensée à l'être.

La logique, sous sa forme la plus simple, est l'application à nos concepts de la loi d'identité. Elle tend à déterminer les concepts de telle sorte qu'ils s'unissent ou s'excluent d'une manière parfaitement intelligible, comme identiques ou contradictoires.

L'homme en trouve des rudiments dans la nature, en tant que les êtres tendent à persévérer dans leur manière d'être. Mais l'action des choses sur son esprit ne saurait suffire à expliquer son besoin de logique. Nulle part la logique n'est donnée : elle est une création de l'esprit humain.

Elle préside à l'organisation de la connaissance. Elle fournit le type que les sciences s'efforcent de réaliser. En même temps, son caractère idéal se manifeste dans l'impossibilité où les sciences demeurent de se ramener à des développements purement logiques. C'est ainsi que les relations mathématiques tendent à s'identifier aux relations purement logiques, mais conserveront certaines particularités irréductibles. A plus forte raison la loi physique ne peut-elle devenir une relation purement analytique.

La connaissance n'est pas le seul domaine où s'exerce et se réalise la logique. Celle-ci tend aussi à se faire une place dans la vie.

La logique de la pratique est-elle la même que la logique de la théorie ?

Sans doute, la logique vise, là encore, à l'unité et à la cohérence. Mais ces mots ne peuvent y recevoir exactement le même sens que dans le domaine théorique. Dans l'ordre pratique, on n'a pas affaire à des concepts, mais à des êtres. Et les principes d'identité et de contradiction suffisent bien moins encore à fournir le type des relations qui conviennent aux objets que l'on étudie. A propos des réalités de la vie, l'esprit se demande, non précisément si elles sont identiques entre elles ou contradictoires, mais quel degré de vitalité et quelle valeur elles possèdent. Et il vise, non à supprimer l'une au profit de l'autre, mais à les concilier, de manière à produire l'harmonie la plus riche et la plus belle. Ainsi, dans la logique de la vie, les principes d'identité et de contradiction, sans s'évanouir, se subordonnent au principe de convenance.

L'esprit, dès lors, ne passe pas analytiquement de la logique de la connaissance à la logique de la vie. Sa puissance créatrice se manifeste dans la superposition de celle-ci à celle-là.

V. La métaphysique

La métaphysique est l'effort de l'esprit pour se rendre compte du rapport de ses conceptions à la réalité absolue.

Le progrès de la science positive mène-t-il à l'élimination de la métaphysique ?

Les sciences peuvent être distinguées en sciences mathématiques et physiques, ou sciences proprement dites, et sciences historiques et morales, ou application de l'idée de science aux manifestations de l'activité humaine.

Les sciences matématico-physiques ne peuvent prétendre à éliminer toute métaphysique, car elles contiennent, dans leurs principes et leurs méthodes, des éléments métaphysiques irréductibles : telles, les idées d'unité, de détermination, de loi, de simplicité, d'analogie.

Peuvent-elles du moins être érigées elles-mêmes en métaphysique ? Elles ne le peuvent, parce qu'elles impliquent deux points de vue différents, qui, rapportés, non plus seulement aux phénomènes, mais à l'être même des choses, deviennent contradictoires. L'un est le point de vue du mathématicien. Celui-ci place le critérium de la valeur scientifique dans la clarté, poursuit en toutes choses l'explication rationnelle, ordonne les connaissances en allant de l'abstrait au concret, et considère les réalités données comme irréductibles aux symboles exacts que nous forgeons pour les expliquer. Tout autre est le point de vue du naturaliste. Celui-ci place le critère de la vérité dans le donné, substitue à l'explication la narration, ordonne ses connaissances en allant du concret à l'abstrait, enfin cherche le fond de l'être dans les réalités les plus immédiatement données, telles que le processus vital ou même les états de conscience. Une antinomie, donc, se produit, si l'on érige les sciences mathématico-physiques en métaphysique.

Quant aux sciences historiques et morales, d'une part elles impliquent les concepts de possibilité et de valeur. D'autre part, si, pour demeurer strictement scientifiques, elles n'admettent d'autre méthode que la méthode objective ni d'autres principes que les faits, elles se mettent dans l'impossibilité d'attribuer une réalité quelconque à la possibilité et à la valeur. Il y a donc une antinomie entre le point de vue des sciences physiques et celui des sciences morales, si ces sciences sont érigées en connaissance de l'être même.

D'où il suit que la science, d'une part contient des germes

de métaphysique, d'autre part ne peut elle-même s'ériger en métaphysique sans tomber dans la contradiction.

La métaphysique exige donc un travail original de l'esprit humain.

Elle ne saurait d'ailleurs se constituer comme le fondement et le point de départ des sciences fourni par une intuition intellectuelle spéciale. Une telle métaphysique, dite dogmatique, manque de règle ; et la légitimité en est contredite par l'histoire de l'esprit humain.

Elle ne peut non plus consister en une synthèse suprême dominant toutes les synthèses particulières. Une telle opération est chimérique et sans signification véritablement philosophique.

La métaphysique, pour être légitime et féconde, doit aller, non du dehors au dedans, mais du dedans au dehors, ces mots étant pris dans un sens, non plus métaphorique, mais réel et vivant.

La métaphysique légitime combine les méthodes objectives avec les méthodes subjectives, allie la spéculation théorique et l'histoire de la philosophie, et tend vers l'absolu, au lieu de le poser comme connu avant le relatif.

Elle se développe tout d'abord dans le champ de la pratique, en déterminant l'idée de ce qui doit être, de ce qui mérite d'être, de ce qui est à la fois possible et convenable.

Puis elle interprète la théorie à l'aide de la pratique, et cherche le fondement de l'être, en combinant les résultats de la recherche scientifique avec la notion pratique de l'idéal. L'être théorique devient ainsi lui-même un devoir être.

La métaphysique est, dès lors, une activité originale de l'esprit : comme la logique développe en lui le raisonnement, ainsi elle y forme et réalise la raison.

VI. L'Art

Il n'entre pas dans notre sujet de faire une étude en règle de l'objet et de la nature de l'art, mais seulement de rechercher s'il suppose une initiative et une vie propre de l'esprit.

On a souvent tenté de montrer dans l'art un simple produit de la nature ; et cette thèse est incontestable en tant que l'homme lui-même est, en un sens, une partie de la nature. Mais l'homme, dans la contemplation ou le travail artistique, ne fait-il que subir passivement l'action de la nature qui l'entoure ? — Rapportée aux fins de la nature, l'œuvre d'art est toujours inférieure à l'être naturel ; mais elle a des fins spéciales, autres que celles de la nature, et témoigne, en ce sens, que l'homme ne se contente pas de ce que la nature lui offre, mais se crée des objets plus conformes à ses désirs.

L'art serait-il donc un simple jeu, sans autre loi que l'arbitraire et la fantaisie ? Ne sont-ce pas là les traits mêmes de l'imagination, c'est-à-dire de la faculté qui préside à la vie artistique ? — Certes, l'art ressemble au jeu ; mais le jeu lui-même veut des règles ; et l'histoire de l'art, de ses formes permanentes ou caduques, des discussions qu'il a soulevées, des théories qu'il a provoquées, prouve assez que l'art n'est nullement une activité sans loi.

Quelles sont donc les fins principales de l'art ? Elles sont multiples ; et l'on peut noter les suivantes : 1° éterniser les formes qui nous intéressent ; 2° nous créer un monde idéal qui nous aide à oublier les misères du monde réel ; 3° exprimer ce qui ne comporte pas d'expression où de traduction adéquate, et faire ainsi communiquer les âmes, dans ce qu'elles ont d'intime et de profond ; 4° offrir de vives représentations de la beauté.

Dans ces diverses tâches l'art paraît soumis en général à une double loi : 1° il doit à la fois conserver et innover ; 2° il doit réunir et combiner l'individualité et l'universalité.

Par tous ces caractères l'art requiert l'action d'une puissance autre que l'imitation ou la fantaisie pures et simples.

Cette faculté est le génie, lequel est à la fois naturel et surnaturel.

Le génie est une création de formes possibles ou concevables des puissances naturelles ; et cette création a lieu suivant des lois autres que celles de la pure nature, lesquelles ne sont, en définitive, que des expressions diverses de la loi d'inertie.

L'homme, par l'art, exprime ses sentiments, ou ses rêves, ou sa communication avec des réalités inaccessibles aux sens et à l'entendement, et, par là : 1° développe sa vie intérieure, en particulier du côté de l'imagination ; 2° s'affranchit, dans une certaine mesure, des objets mêmes dont il se donne la représentation idéalisée.

VII. Le culte du beau

Nous avons parlé du beau comme de l'une des fins de l'art. N'en serait-il pas la fin essentielle ou supérieure ? Quelle est au juste sa signification et sa valeur ?

Le beau, pour une âme d'artiste, est présent, ou peut être imaginé en toutes choses ; et il relève tous les objets où il apparaît. S'ensuit-il qu'il puisse et doive être recherché en soi et pour soi ?

On peut appeler esthéticisme le point de vue de ceux qui recherchent séparément, dans un objet donné, la somme de jouissance esthétique qu'il paraît susceptible de leur procurer.

Cette poursuite du beau en soi et pour soi est certes possible ; et plusieurs y voient la forme supérieure de la vie esthétique. Kant lui-même mettait ce qu'il appelait *pulchritudo vaga* au-dessus de la *pulchritudo adhœrens*. Mais quand il s'agit d'une grande œuvre, c'est, à coup sûr, la ravaler et lui manquer de respect que de n'y voir qu'un instrument de jouissance. Et c'est, en toutes choses, s'exposer à violer des exigences impérieuses de la nature ou de l'âme, que de faire du beau une fin suprême et distincte, fin que l'on aurait le droit de poursuivre sans égard aux autres fins.

Le beau, pour un esprit qui envisage les choses dans leur complexité, n'est pas précisément une fin : c'est une certaine manière de dépasser le but, qui apparaît dans certains objets, en tant qu'ils sont considérés par un esprit capable d'émotion esthétique.

La beauté détachée et indépendante, admise par Kant, n'est que le joli, et est inférieure, en principe, à la *pulchritudo adhœrens*. La beauté peut se rencontrer dans le monde physique, dans le monde intellectuel et dans le monde moral, dans les choses, naturelles ou artificielles, et dans les diverses manifestations de l'âme : sentiments, pensées, actions.

Contemplée, non en soi, mais dans l'objet vrai ou grand qui en est le support, elle témoigne de l'originalité et de la puissance de l'imagination, qui, par elle, établit un lien de sympathie entre les choses et l'esprit. La faculté esthétique, qui est une tendance à mettre notre sensibilité et notre entendement dans une certaine harmonie, s'exalte en même temps qu'elle se satisfait.

Comparé à la science, l'art, sous toutes ses formes, nous donne une conception différente des choses. La science tend à l'assimilation et à l'unité universelles. Elle réduit les individus en lois. L'art, soit dans l'objet contemplé, soit dans le sujet qui contemple, en même temps qu'il vise à l'universel, donne une valeur à l'individuel. Le génie est donc une révélation individuelle de l'universel. L'œuvre belle est unique dans son genre, et mérite de durer éternellement.

Et ainsi, l'art manifeste, finalement, la parenté secrète de l'individuel et de l'universel au sein de l'esprit libre et infini.

VIII. La moralité

La moralité est-elle une activité distincte et spirituelle ?

Deux systèmes donnent à cette question une réponse négative : le naturalisme et le positivisme scientifique.

Selon le naturalisme, la moralité consiste à suivre la nature. Les Grecs ont professé cette doctrine, mais en entendant par nature la nature humaine proprement dite ; et le progrès de leur pensée les conduisit à une distinction des biens extérieurs et des biens intérieurs qui dépassait le naturalisme.

De nos jours, le philosophe allemand Nietzsche, en plaçant la forme supérieure de l'activité dans la satisfaction de ce qu'il appelle *Wille zur Macht*, paraît professer un naturalisme très conséquent. Mais il est clair que Nietzsche rétrécit et rabaisse arbitrairement la nature humaine chez celui qu'il appelle *Uebermensch*.

Le positivisme scientifique comporte plusieurs formes. Ce sont :

1° La morale comme simple histoire naturelle des mœurs. — L'histoire, par elle-même, n'est pas normative.

2° La morale comme physique des mœurs. — L'obligation morale ne peut se ramener à la causalité physique.

3° L'évolutionnisme moral. — L'homme ambitionne autre chose que de s'adapter purement et simplement au milieu où il se trouve.

4° La morale comme science spéciale des instincts moraux de l'humanité. — Une telle science est une connaissance confuse, qui peut aussi bien aboutir à une métaphysique qu'à une physique.

5° Le sociologisme, suivant lequel la règle morale se trouve dans les conditions d'existence de la société. — La société est une donnée flottante : elle dépend notamment de l'action des individus.

La moralité est une activité originale ; la notion de devoir en est le principe irréductible.

Faut-il donc admettre, touchant les rapports de la moralité et de la nature, le système dualiste ?

Le progrès de la moralité consiste dans la conformité au devoir : 1° des actes extérieurs ; 2° des intentions ; 3° des sentiments ; 4° de l'être même. Ce progrès ne se conçoit que si la nature n'est pas hétérogène par rapport à l'esprit.

De plus, le dualisme, suivi jusqu'au bout de ses conséquences, mènerait, soit à l'agnosticisme, soit au fanatisme. En fait, nature et esprit sont toujours liés dans la moralité réelle.

La solution doit être cherchée dans une doctrine qui participe du monisme et du dualisme. La nature et la moralité ne s'opposent pas dans la vie comme dans nos concepts.

La volonté crée la moralité au moyen de la nature. Et elle se réalise et se détermine elle-même en s'assimilant la nature.

Les caractères de la moralité ainsi conçue sont :

1° L'autonomie, ou formation d'une loi intérieure à la volonté ;

2° L'universalisme, ou valeur de la loi pour tous les êtres raisonnables ;

3° La tendance à la spontanéité, coexistant avec la nécessité persistante de l'effort ;

4° Le but conçu, non comme donné, mais comme proposé et se déterminant par la réflexion de l'esprit sur l'action elle-même.

La moralité est ainsi, à un plus haut degré encore que la connaissance et l'art, l'œuvre et l'ouvrière de l'esprit, en qui elle forme spécialement la volonté.

IX. L'idéal moral

La moralité a sa base dans l'idée de devoir. Mais cette idée, en elle-même purement formelle, est insuffisante pour régler l'action. Quel est l'objet ou la matière du devoir ?

Nombreuses sont, sur ce point, les doctrines qui tendent à réduire au minimum l'initiative de l'esprit.

Tel l'individualisme, qui prescrit simplement à l'homme

de développer de toutes ses forces sa nature individuelle. — Mais l'homme n'est pas seulement individu, il est personne ; et la personnalité ne se crée et ne se développe que par la communication des personnes entre elles.

Tel l'altruisme, qui trouve dans la nature humaine un instinct spécial de dévouement à autrui. — Mais cet instinct, en admettant qu'il existe, ne peut être soustrait au contrôle de la raison ; et la raison ne peut, sans un principe supérieur, justifier le sacrifice d'un individu à un autre, qui peut-être ne vaut pas plus que lui.

Tel encore le solidarisme, tentative de démonstration scientifique de la nécessité du dévouement. — Mais le solidarisme est un principe vague, qui, quand on le définit, se résout, soit en égoïsme, soit en création de la volonté libre.

En réalité, il est impossible de saisir l'idéal moral sous une seule idée : il enferme une multiplicité où nous devons tâcher de mettre de la mesure et de l'harmonie.

Quel est le critérium de l'objet moral ? C'est la valeur affirmée par la raison, le mérite. Les idées qui constituent l'idéal moral sont, d'une part : celles de justice, charité, beauté, puissance, harmonie, idées que semblent résumer celles de respect du droit et de poursuite de la perfection ; d'autre part : les idées de pouvoir et de devoir, conçues comme solidaires l'une de l'autre.

L'idéal moral est l'application progressive de ces idées à l'individu, aux sociétés, à l'humanité.

L'individu a une valeur intrinsèque, et ne peut être légitimement sacrifié. Mais il ne peut ni ne doit viser à se suffire. C'est en se dévouant au bien commun qu'il se développe comme personne.

Les sociétés ont une valeur et comportent une perfection propre. Elles sont des fins. Dans la poursuite de l'idéal moral, individus et société se supposent mutuellement.

L'humanité comme communauté a une valeur et est une fin. Mais elle ne peut être posée *a priori* comme donnée et prétendre absorber les sociétés partielles. Elle se forme des relations, de plus en plus rationnelles et sympathiques, qui s'établissent entre les sociétés.

L'effort de l'homme pour déterminer et réaliser ces différentes fins ne se conçoit que comme un acte de volonté libre, se proposant de dépasser la nature.

D'où peut venir à l'homme l'idée et la puissance de se dépasser soi-même ?

X. La religion

Les diverses manifestations de la vie intellectuelle et morale de l'homme représentent une série de créations par lesquelles l'homme dépasse toujours de plus en plus la nature et lui-même. D'où lui vient cette faculté ?

I. — N'est-ce pas de lui-même ; et ne suffit-il pas, pour rendre compte de ces phénomènes, de définir l'homme un être qui est capable de se dépasser ?

Si l'on entend maintenir le principe naturaliste, une telle faculté ne peut être qu'une apparence et une illusion. Que si l'on y voit une réalité, il faut faire de l'homme, à certains égards, un être à part.

Mais ne suffit-il pas d'adhérer à ce qu'on appelle la religion de l'humanité ? — Cette religion exalte l'homme outre mesure ; et en même temps elle reste au-dessous de l'idéal religieux. Elle ne saurait être un terme, parce que l'homme, mélange de grandeur et de bassesse, est à lui-même un problème.

Se bornera-t-on à superposer au naturalisme l'agnosticisme ? — L'agnosticisme est une position artificielle, où l'humanité ne peut se maintenir.

La religion a-t-elle, dans le sentiment ou la foi pure et simple, une base suffisante ? — La foi est un principe nécessaire et puissant. Mais, si elle est seule, comment, du point de vue de la raison, la distinguera-t-on du sentiment purement subjectif et individuel ?

L'expérience dite religieuse n'offre-t-elle pas, du moins, une réalité et une valeur analogues à celles de l'expérience sensible ? — L'expérience religieuse est une réalité donnée. Mais elle est essentiellement individuelle ; et, pour qui la soumet à la critique philosophique, elle suppose la foi, loin de pouvoir la fonder.

II. — La solution est dans un effort pour combiner méthodiquement toutes les ressources dont nous disposons :

1° L'histoire et le sentiment posent le problème religieux ;

2° La critique des sciences et de la philosophie de la nature montre que la religion est possible et légitime ;

3° L'approfondissement de la conscience fait entrevoir ou pressentir l'Etre parfait et créateur qui supporte et rend pénétrables entre elles toutes les consciences.

Les conséquences de cette manière de voir sont :

1° L'élimination ou la transformation spiritualiste des doctrines qui attribuent une vertu surnaturelle à des objets et à des choses extérieures ;

2° La religion considérée comme l'activité la plus intérieure de l'âme, et, en même temps comme celle qui relie le plus intimement une âme aux autres âmes ;

3° La religion comme relation précise d'être à être, tandis que toutes les relations où la religion n'a pas de part s'arrêtent aux manifestations plus ou moins extérieures des êtres.

La religion, même sous ses formes les plus humbles, présente plus ou moins ces caractères.

XI. Les croyances religieuses

Les religions données se composent, non seulement du sentiment ou de l'idée religieuse, mais encore de croyances et de pratiques, ces dernières fondées d'ailleurs sur les précédentes. Que vaut, aux yeux de la raison, ce second élément?

Les croyances, au sens précis du mot, ne peuvent être considérées comme l'expression adéquate de la foi religieuse. Car elles sont infiniment diverses ; et elles se résolvent, quand on les analyse, en formules confuses et en sentiments inexprimables.

D'autre part, les croyances ne sont pas de pures traductions contingentes et de simples enveloppes caduques de la foi religieuse. La foi ne se conçoit pas sans la représentation d'un objet ; elle se développe sous la sollicitation de cet objet même.

Il convient de considérer les croyances comme l'expression, à la fois indispensable et toujours inadéquate, de la foi religieuse.

Quelle est la signification philosophique des croyances religieuses fondamentales ?

On peut distinguer les croyances relatives à des objets suprasensibles tels que Dieu, l'immortalité, le royaume de Dieu ; et les croyances relatives à des objets donnés dans l'expérience, tels que les traditions religieuses et les Eglises.

Dieu est l'être des êtres, la source une du multiple, le principe vivant où les êtres puisent la force de vivre à la fois pour eux-mêmes et pour des communautés de plus en plus hautes.

L'immortalité concerne, non la matière universelle, mais les formes individuelles. Elle s'ébauche dans la nature même. On peut, d'après les analogies que la nature nous présente, concevoir, non que la forme puisse subsister sans matière, mais que sa persistance ne soit pas liée à celle de telle matière déterminée.

Le royaume de Dieu est l'union de la justice et du bonheur. C'est, semble-t-il, le rêve des générations actuelles. Et ce rêve est assurément légitime. Mais il ne peut être réalisé par des moyens purement naturels. il implique que les hommes remontent, par la religion, à la source commune de la justice et du bonheur.

Les faits religieux proprement dits, convenablement interprétés, ont, eux aussi, une valeur philosophique :

L'histoire religieuse, si elle ne peut être identifiée avec la révélation divine, ne saurait non plus être tenue pour entièrement extérieure à cette révélation. L'histoire nous offre la manifestation objective de l'action divine au sein de l'humanité.

L'Eglise peut être considérée, soit comme un pouvoir, soit comme une union spirituelle. Au premier sens elle est caduque ; au second, elle est très propre à susciter et développer la vie religieuse.

C'est ainsi que la religion apparaît comme la réalisation la plus haute du sentiment. Elle engendre, chez ceux qui la pratiquent dans sa vérité, non seulement tolérance, mais sympathie pour les hommes qui professent d'autres croyances que les leurs, pour tout homme qui cherche sincèrement le vrai et le bien.

XII. Conclusion

Notre première série de conférences avait eu pour objet de montrer la vie de l'esprit comme impliquée dans notre vie naturelle et dans notre science de la nature, que parfois l'on présente comme se suffisant à elles-mêmes. Il restait à rechercher si l'esprit n'a d'autre occupation possible et légitime que de prendre conscience des lois de la nature et de s'y subordonner. Certes, il est clair que l'esprit ne peut être et agir qu'en harmonie avec la nature. Mais si la nature elle-même dépend de l'esprit, et si l'esprit a des forces et des fins qui lui sont propres, on peut concevoir qu'il y ait une vie de l'esprit supérieure à la vie purement naturelle.

A la vérité, on ne pourrait prouver la réalité de cette vie spirituelle, si, selon la méthode dualiste, on faisait, du règne de l'esprit et de celui de la nature, deux mondes à part, entièrement séparés l'un de l'autre. Dans cette manière de voir, la croyance aux réalités spirituelles est inattaquable, mais injustifiable. Pour que la vie de l'esprit puisse être considérée par la raison comme une réalité, il faut qu'elle se relie logiquement à la vie naturelle.

Or, la critique montre que plusieurs activités essentielles à l'homme ne se conçoivent que comme des créations originales et des développements de l'esprit. Tels la logique et la métaphysique, activités de l'intelligence ; l'art, activité de l'imagination ; la morale, activité de la volonté ; la religion, activité et perfection du sentiment.

Plus ou moins confusément c'est vers cette dernière activité que s'acheminent les précédentes ; et ainsi la vie spirituelle de l'âme tout entière est religieuse dans son fonds, et réalise de plus en plus la religion.

Ces créations de l'esprit se font par voie d'expérimentation : la fin n'étant pas clairement aperçue d'avance, mais se déterminant dans l'effort même que fait l'homme pour la réaliser. L'idéal n'est pas l'objet, donné *a priori*, d'une contemplation passive ; il se forme et se développe dans notre esprit à mesure que nous le poursuivons.

Dieu donc est la source de la vie de l'âme. C'est en puisant à cette source que l'esprit se réalise avec puissance et avec vérité. La religion sanctionne les diverses activités de l'esprit, prouve qu'elles ne sont pas arbitraires, et garantit qu'elles seront fécondes.

Ainsi entendue, la réalité de la vie spirituelle ne peut être infirmée par aucun progrès des sciences et de la vie positive. Ce progrès au contraire, s'il est véritable, la confirme pour qui voit clairement que la relation de l'esprit et de la nature est un rapport, non d'exclusion, mais d'inclusion mutuelle.

HASARD OU LIBERTÉ

Conférence faite à l'Université Harvard, en mars 1910 (1)

(1) Publiée dans la *Revue de Métaphysique et de Morale*, en 1910.

HASARD OU LIBERTÉ

Si, selon la doctrine exposée dans notre première leçon, nous distinguons, d'avec le propre point de vue de la science, le point de vue de la raison, synthèse vivante de la théorie et de la pratique ; et si, du point de vue de cette raison, c'est-à-dire du point de vue philosophique, nous examinons, et les résultats principaux, et les conditions mêmes du travail scientifique, nous découvrons, selon l'examen auquel nous nous sommes livrés (leçons II et III), entre le monde du savant et le monde réel, une différence considérable.

La science ramène à un petit nombre de grandes lois les uniformités de coexistence ou de succession, en apparence si multiples et si diverses, que nous présente la nature. Or, outre que ces réductions demeurent imparfaites, et expriment des fins idéales plutôt que des résultats précisément acquis, ces grandes lois elles-mêmes résistent énergiquement à l'identification. Telles les lois de la conservation et de la dégradation de l'énergie ; telles, comparées à celles-ci, la loi d'évolution organique ; telles, à l'égard des précédentes, les lois mentales et sociales. Et chacune de ces lois, dans notre science moderne, exprime, non des rapports nécessaires dérivant immédiatement de la nature connue d'éléments simples, mais des moyennes afférentes à des ensembles infiniment complexes et essentiellement instables. Si donc les lois que la science formule affectent la forme de la nécessité, celles qui résident dans la nature elle-même apparaissent, au contraire, comme marquées d'un caractère de contingence.

Et l'analyse des conditions de notre science confirme cette conclusion. Tandis qu'une science dogmatique et métaphysique pose, *a priori*, comme appartenant à la nature même des choses, les idées directrices de la tâche qu'elle se donne, notre science, de plus en plus rigoureusement expérimentale, dépend des choses, loin de s'imposer à elles. Une telle science recueille ce que, dans les choses, elle découvre d'ordre intelligible et utilisable pour l'homme. Elle est contente de trouver où se prendre dans les faits très complexes qui s'offrent à nous ; elle laisse à la métaphysique le souci de savoir si au fond de ce complexe relativement stable il y a des natures simples et immuables, dont les phénomènes que nous observons seraient les résultantes nécessaires.

En face, donc, de la science, il y a le monde, ensemble de choses données, lesquelles, à travers les traductions qu'en imagine la science, et les moyennes qu'elle emploie pour se les assimiler, se manifestent à la raison comme contingentes.

Pouvons-nous, maintenant, nous contenter de cette conclusion ?

Contingence : c'est le caractère du fait pur et simple, lequel, isolé, reste inexpliqué, et semble, dès lors, avoir pu également se produire ou ne pas se produire. C'est un concept relatif à une vue extérieure des choses, et où ne peut se tenir l'esprit qui réfléchit. La raison demande : de quoi cette contingence est-elle le signe ? Recouvre-t-elle le hasard pur et simple, ou est-elle le signe de quelque puissance autre que le hasard ?

I

L'explication de la contingence des choses par l'intervention de ce qu'on nomme le hasard paraît exclue, avant tout examen philosophique, par la science elle-même. Pour elle, un fait contingent ne saurait être autre chose qu'une donnée brute, qu'il lui appartient de réduire à des lois connues. La science admet des problèmes, non des mystères. Le hasard, à ses yeux, n'est que la mesure de notre ignorance.

La science, certes, nie le hasard. Mais en quel sens ; et que vaut au juste sa négation ?

La science est la formule d'une certaine question que l'homme pose à la nature. Elle signifie : Peut-on expliquer tous les phénomènes dont la nature se compose, à l'aide des lois nécessaires, sans faire intervenir le hasard ?

Comment donc la science, en tant que science, pourrait-elle admettre que le hasard existe et joue un rôle dans la production des phénomènes ? Soit un phénomène étrange, irréductible, en apparence, aux phénomènes connus, par exemple la mutation brusque de M. de Vries. Inexplicable, et par des causes externes et même par des causes internes, ce phénomène sera-t-il, par le savant, rapporté au hasard ? En aucune façon. Le savant en sera quitte pour admettre provisoirement l'existence de caractères latents, dont ce qu'on appelle mutation brusque ne serait que la mise au jour. Et ces caractères latents eux-mêmes, il s'efforcera, par l'analyse expérimentale, de les ramener à des phénomènes observables et définis.

Si puissants que soient devenus nos moyens d'investigation, il est clair qu'il y a, dans la nature, des causes si petites que nous ne pouvons actuellement les saisir, des assemblages de causes si complexes, que nous ne pouvons les débrouiller. C'en est assez pour que certains phénomènes nous semblent se produire par hasard. Mais là où toutes les causes ou lois que nous connaissons paraissent radicalement insuffisantes pour rendre compte du phénomène en question, nous pouvons toujours supposer l'existence d'une cause qui nous échappe, ou le jeu d'une loi totalement différente de celles que nous connaissons.

Il est étrange qu'un illustre penseur ait dit qu'il croirait à la possibilité du miracle lorsque la réalisation d'un miracle aurait été constatée et reconnue par l'Académie des Sciences. Même la résurrection d'un mort, dûment constatée, ne serait pour l'Académie des Sciences qu'un phénomène naturel, dont toute l'originalité consisterait à dépendre vraisemblablement de quelque loi actuellement inconnue.

Ce n'est pas précisément en fait, c'est *a priori* que la science nie le hasard. Sa tâche est précisément de l'éliminer. Mais suffit-il que la science se propose cette fin pour que la nature soit tenue de la réaliser ?

En fait, la science, si développée qu'on la suppose, laisse subsister trois données qui, à son point de vue, ne comportent pas d'autre explication que le hasard.

La science a besoin que des êtres lui soient fournis, des êtres qu'elle puisse observer du dehors, auxquels elle puisse se soumettre, dont elle puisse, en s'y adaptant, définir et expliquer la nature.

Dira-t-on que, de ces êtres, elle rend précisément compte par ses explications, et que, si elle ne peut parvenir à les expliquer entièrement, elle approche, du moins, de plus en plus du but ?

Elle les décompose, il est vrai, et les réduit de plus en plus à de la poussière d'être. Mais leur nature et la cause de leur existence sous leur forme actuelle n'en deviennent par là que plus incompréhensibles. Et si, par impossible, la science, œuvre de dissolution, achevait sa tâche, elle n'aurait pas expliqué l'être : elle l'aurait supprimé. L'atomisme classique était, pour fonder l'être scientifiquement, la base indispensable. Sans doute c'était encore le hasard, mais réduit à son minimum. Sa part lui était faite une fois pour toutes. En renonçant à l'atomisme, la science s'engage dans une régression indéfinie dont la limite est le néant.

L'être qui est donné à la science et l'être qu'elle imagine pour l'expliquer ne sauraient coïncider, car l'un est, et l'autre ne peut parvenir à être. Ce n'est que dans le monde réel qu'Achille rattrape la tortue.

La science suppose, en second lieu, que le monde qui lui est offert présente un ordre d'un certain genre, est réductible à des lois dites naturelles. Ici encore la science, dans l'être même des choses, suppose le hasard, qu'elle s'applique ensuite à éliminer.

Il faut, pour que la science soit possible, que les phénomènes se laissent répartir en classes, composées de phénomènes sensiblement semblables, et que, de même, certaines coexistences et successions de ces phénomènes se reproduisent d'une manière sensiblement uniforme. Il faut, en outre, que, sous les différences qui tout d'abord nous frappent, on puisse découvrir des ressemblances qui permettent de ramener certaines classes de phénomènes à d'autres, et de tendre ainsi à réduire indéfiniment la diversité et la multiplicité des lois.

Dira-t-on que le progrès même de la science prouve, par le fait, que la nature est, en elle-même, ordonnée, et qu'il n'est pas besoin d'autre preuve pour nier l'existence du hasard ?

Mais l'effort de la science est, en définitive, d'arriver à supprimer ce qu'on appelle proprement les lois de la nature, mélange mal défini de rapports qualificatifs et de rapports quantitatifs, pour y substituer des rapports purement quantitatifs, lesquels, finalement, se ramenant à la répétition indéfinie d'une même quantité donnée, feraient évanouir entièrement ce qu'on appelle loi et ordre. La science résout l'ordre en unité pure, c'est-à-dire l'ignore. Car l'ordre est un certain équilibre de l'unité et de la multiplicité, de la variété et de l'uniformité.

Pour la science donc, à son point de vue, l'ordre donné de l'univers, qu'elle se propose de découvrir et de transformer en identité mathématique, s'il est réellement, ne saurait être qu'un produit du hasard.

Enfin la science suppose que du nouveau se produit constamment dans le monde. Si elle était assurée qu'il n'y a, dans les choses, ni création, ni évolution véritable, elle n'aurait nulle raison de renoncer à l'ambition de se constituer en système logique, mathématique et éternel. Si elle est décidément et à tout jamais expérimentale, c'est qu'au fond elle ignore l'avenir.

Et cette troisième donnée qu'elle accepte, sur laquelle elle se règle, elle ne peut l'expliquer. Car ses explications consistent à ramener le nouveau au déjà vu, à convertir le changeant en immuable. Le monde de la science, s'il est un jour constitué, ce sera l'Être sans non-être, tel que le conçut Parménide.

La science a une manière d'expliquer les choses qui, poussée à bout, les supprime. Quand le psychologue me démontre que, si je me crois libre, c'est que l'enchaînement des causes mécaniques détermine en moi nécessairement cette croyance, il est clair qu'il nie ma liberté. De même, l'être, l'ordre, le nouveau, raison d'être et base de la science, sont, par elle, réduits, déformés, anéantis. La science est comme le philosophe facétieux de Voltaire, qui dit à l'Être, dont il doit fournir l'explication :

> Pardonnez moi,...
> Mais je pense, entre nous, que vous n'existez pas.

Et ainsi, il est bien vrai que de ses constructions la science élimine progressivement le hasard : cette tâche est précisément celle qu'elle s'est assignée. Mais les données mêmes sur lesquelles elle travaille sont, à son point de vue, et ne peuvent être que des effets du hasard.

La science ne chasse le hasard de chez elle que pour l'installer dans les choses.

Elle dit le contraire. C'est que dans le savant il y a un homme, qui juge avec sa raison, alors que la science, elle, n'admet que les faits et la déduction logique. La science, en réalité, est indifférente aux conditions de la production des choses. Qu'elles soient là, il suffit. Elle y appliquera ses méthodes de réduction. Mais la raison est scandalisée par l'apparence du hasard ; et, après que la science a épuisé son effort, si le hasard subsiste, elle proteste. Ce que la science ne peut faire est-il donc absolument impossible ? N'avons-nous aucun autre moyen d'aborder la réalité et d'en pénétrer la nature et les causes, que l'observation et la déduction proprement scientifiques ? L'homme, qui a fait la science, y est-il enfermé ?

II

Pour créer la science, l'homme s'est renoncé. Sa première méthode de connaître les choses avait été d'en juger d'après lui-même, de les apprécier *ex analogia hominis*, comme dit Bacon. Le point de vue scientifique consista à les regarder de leur point de vue à elles, à expliquer l'univers par l'univers, *ex analogia universi.* Mais voici qu'à la réflexion cette conception toute objective des choses pose des problèmes qu'elle ne peut résoudre. Et l'homme se prend à regarder en arrière, et à se demander s'il n'y avait rien de raisonnable et de légitime dans sa première manière de considérer les choses.

Und mich ergreift ein längst entwöhntes Sehen
Nach jenen stillen ernsten Geisterreich !

Qu'arriverait-il, si, de nouveau, j'interrogeais la nature avec ma conscience, du point de vue de ma conscience ?

Il ne s'agit pas de mettre en question la légitimité de la science, mais encore la raison.

Et en effet, formée, tant par les découvertes et les méthodes de la science que par l'histoire de la vie et de la pensée humaine, unité, ou plutôt harmonie de la théorie et de la pratique, la raison, et se distingue de la science, et fournit à l'homme des règles de pensée valables comme celles de la science. C'est elle qu'avait en vue Descartes, lorsqu'il disait que le terme suprême de nos études doit être de nous rendre capables d'un jugement solide et vrai, non seulement à propos des choses scientifiques, mais en toute espèce d'occurrence. C'est elle que, comme conclusion de sa morale, il se proposait de cultiver durant toute sa vie, en la nourrissant et de connaissances scientifiques et d'expériences morales. Il l'appelait *bona mens ;* il ne la croyait pas toute faite en nous, *a priori*, ni susceptible de parvenir en nous à sa perfection. Elle avait cependant, selon lui, son évidence, qui différait de l'évidence des sens et de l'évidence de la dialectique abstraite, et sans laquelle ces deux dernières seraient sans garantie.

N'est-ce pas, en effet, une réalité solide, que cette faculté concrète, artificiellement décomposée par les philosophes en raison théorique et raison pratique, qui rallie à soi toutes les intelligences humaines, et leur fournit un terrain d'entente?

La science a pour elle le fait : la raison peut invoquer sa continuité, son développement régulier qui concilie le progrès avec l'identité, et son empire croissant sur l'humanité.

Elle ne fournit pas des connaissances inertes et matériellement objectives, à la manière de la science : elle n'est pas simplement une faculté de connaître. Elle est une faculté de contrôle et de jugement. Elle a ses principes, qui ne sont pas, comme le voudraient les rationalistes dogmatiques, définis ou définissables *a priori*, mais qui se lisent plus ou moins clairement, comme une pensée vivante à travers un texte, dans l'histoire intellectuelle et morale de l'humanité. Ils se résument, en gros, comme l'avaient vu les Grecs, dans la notion de la convenance et de l'harmonie, superposée à celles du possible et du réel.

C'est au nom de ces principes que la raison repousse l'idée

d'un monde qui devrait au hasard son existence et ses lois. Elle demande que ce qui est donné soit rattaché, non seulement à d'autres choses, simplement données, elles aussi, et encore tributaires du hasard, mais à quelque cause qui lui communique un sens raisonnable, une véritable intelligibilité.

Or, la science étant impuissante à résoudre le problème, il paraît raisonnable de chercher d'un autre côté, et de s'adresser à cette source d'idées que nous trouvons en nous-même, à la conscience.

Dira-t-on que les explications que nous pourrons tirer d'une telle source sont, d'avance, frappées de discrédit, comme irrémédiablement subjectives ? Elles le seraient, effectivement, si l'on n'invoquait, pour les justifier, que la seule conscience. Mais, contrôlées par la raison, telle que celle-ci est devenue au cours des siècles, les inductions de la conscience sont plus que des pensées instinctives, traditionnelles et subjectives. Elles prouvent leur valeur humaine, elles présentent cet équivalent de l'objectivité proprement dite, qui consiste dans l'accord des intelligences. De cette garantie, est-il certain que la science elle-même puisse se passer ; et, si l'homme n'est pas un étranger dans la nature, pourquoi l'humain n'aurait-il pas quelque valeur universelle ?

La conscience peut-elle, sur les origines du réel, nous apporter, en ce sens, quelque lumière ?

La forme la plus simple de la vie consciente est le sentiment.

Le sentiment est-il susceptible d'exister seul, à l'exclusion de l'intelligence et de la volonté ? On ne saurait l'affirmer, puisque l'on est réduit à citer des états incontrôlables, tels que la conscience de l'enfant pendant les premiers mois, ou l'état riant que procure le haschisch, ou l'euphorie de certains mourants, lorsque l'on essaye de donner des exemples de la conscience affective à l'état pur. Mais, mêlé aux autres manifestations psychiques comme il l'est d'ordinaire, le sentiment n'en marque pas moins sa présence par certains caractères très discernables. Le plus original est la conscience de l'existence. Sentir, jouir, et, davantage peut-être, souffrir, c'est être pour soi, de la façon la plus nette, la plus irréfutable qui soit au monde. Les romantiques ont fondé sur ce fait leur panégyrique de la souffrance. Ils plaçaient la supériorité, la marque de l'élection, dans la conscience de soi ; et, pour exalter cette conscience, ils ne voyaient rien de plus efficace que la douleur.

Pour vivre et pour sentir l'homme a besoin des pleurs.

S'il est un phénomène dont la conscience d'exister ne se puisse détacher, et qui soit susceptible de manifester cette conscience dans sa plénitude, c'est le sentiment. Il est donc très humain, il est conforme à la nature humaine prise en général, de voir dans les propriétés du sentiment l'origine de l'être même que nous trouvons dans les choses, et dont la science poursuit l'analyse au moyen de ses symboles. La science suppose l'être : le sentiment, tel qu'il existe dans la conscience humaine, est l'être même.

La vie consciente est également intelligence ; et l'intelligence, c'est une exigence de l'ordre. Qu'est-ce que l'ordre ? Si l'on envisage les œuvres les plus directes et immédiates de l'esprit, les discours, les règles morales, les lois politiques, les compositions littéraires et artistiques, on constate que l'esprit cherche à établir, soit entre les hommes, soit entre les choses, soit entre les uns et les autres, des rapports souples et perfectibles qui en respectent la réalité propre, et en harmonisent les caractères. C'est la règle imposée à l'homme libre, disait Aristote, qui le fait libre et supérieur à l'esclave, lequel ne relève que de lui-même dans la plupart de ses actions. La μέθεξις platonicienne, la généreuse action du νοῦς chez Aristote, respectant et accomplissant ce qui, pour chaque chose, est sa perfection propre, expriment fidèlement l'essence et la beauté de l'ordre libéral et délicat que poursuit l'intelligence.

Or cet ordre ne peut-il être considéré comme le principe vivant dont dérive l'ordre donné des choses ? C'est lui, pourrait-on dire, qui est l'âme de cette évolution grâce à laquelle, de faits et d'êtres infiniment divers, se forment des lois et des espèces. Et c'est lui encore qui donne sa base nécessaire à cette uniformité et homogénéité mathématique et idéale où tend l'intelligence, en s'isolant, autant qu'il lui est possible, des autres puissances de la conscience.

Enfin la vie consciente présente un troisième caractère : l'idée d'une nouveauté perpétuelle, se détachant sur le fond relativement fixe de la nature. La persistance de notre moi n'est pas la continuation inerte d'un mouvement donné, c'est une création de tous les instants. Nous n'existons vraiment comme hommes, qu'en nous retrempant constamment dans le fond de notre être, en y puisant sans cesse une jeunesse nouvelle, en nous recommençant perpétuellement.

Nur rastlos bethätigt sich der Mann.

La puissance créatrice de l'homme se manifeste excellemment dans le génie, dont on ne peut réduire les œuvres aux éléments fournis par les circonstances; que lorsque, en partant de ces œuvres mêmes, on choisit, après coup, parmi ces éléments et parmi leurs modes d'organisation possibles, ceux-là mêmes que, dans son initiative, a élus le génie.

La création humaine est manifestée par l'histoire, dont le ressort ne se trouve pas seulement dans les conditions d'existence des sociétés, mais aussi dans les fins idéales, religieuses, politiques, esthétiques, morales, sociales, que s'est données l'humanité.

Ces créations ne sont pas de simples déploiements de puissances. Elles visent des principes d'ordre et de bonheur, elles émanent d'une activité substantiellement unie à l'intelligence et au sentiment. Des effets de cette activité le moi conscient est le théâtre, mais une partie du travail qu'elle accomplit, et la source première qui l'alimente, se rapportent à une couche profonde de l'être, caractérisée par cette pénétration intime de la spontanéité et de l'intelligence, que notre réflexion suppose, mais est impuissante à reproduire.

Dans la vie consciente, donc, nous trouvons, non seulement l'être et l'ordre, mais la création. En vain nous prouve-t-on par des arguments abstraits l'impossibilité d'une liberté créatrice. Nous persistons, en fait, à créer librement, dans l'ordre du sentiment, de la pensée, de l'action ; et nous nous rendons compte que la liberté objective et matérielle dont on nous démontre l'impossibilité n'est que la matérialisation imaginaire de la liberté vivante qui est et opère en nous.

S'il en est ainsi, ne serait-ce pas du monde de la conscience qu'émane en réalité ce flot de nouveautés incessantes que la science suppose et qu'elle ne peut expliquer ? La science, en même temps qu'elle s'efforce de soumettre la nature à la forme de l'intelligible abstrait : *eadem sunt omnia semper*, reconnaît qu'il lui faudra toujours consulter l'expérience pour savoir dans quelle mesure la nature se conforme effectivement à cette injonction. Or cette condition s'explique, si le monde qu'elle analyse et réduit est, dans sa création, soumis à d'autres lois que les siennes, aux lois de la liberté, une avec le sentiment et l'intelligence vivante.

Ainsi serait enfin, sous l'influence et sous le contrôle de la raison, éliminé du monde le hasard, que la science, malgré qu'elle en ait, y laisse subsister.

Il serait éliminé, au point de vue de la sagesse humaine, par la considération de la vie consciente, laquelle, dès lors, par ce rapport même au monde de la science, prouverait, non seulement pratiquement, mais en quelque manière théoriquement, sa réalité, son originalité, son droit à un développement autonome.

LE BON SENS

Conférence donnée, le 11 novembre 1915, à l'Université de Lausanne (1)

(1) Extrait de la *Bibliothèque Universelle et Revue suisse*, février 1916.

LE BON SENS

Monsieur le Recteur,

Mes chers collègues,

Mesdames,

Messieurs,

Pardonnez-moi si je ne puis trouver les mots qui diraient fidèlement l'émotion dont je me sens envahi. Dans les témoignages si chaleureux d'estime et de confraternité qu'avec tant de bienveillance, de grâce et d'élévation d'esprit vient de me donner mon cher collègue M. Millioud, je vois, tout d'abord, une marque de cette hospitalité généreuse, et comme innée, qui est une caractéristique de votre pays. Et je songe aux trésors de libéralité, de délicatesse et de bonté qui, chaque jour, d'un bout à l'autre de la Suisse, sont mis au service de nos blessés, de nos réfugiés, de nos rapatriés. Permettez-moi, à ce propos, de renouveler devant vous l'expression de fidèle et profonde reconnaissance que j'ai déjà eu l'occasion de formuler dans cette ville. Ce n'est pas seulement un nombre considérable de Français qui gardent au cœur le souvenir des bienfaits reçus, — et moi-même je suis de ceux-là, car douze membres de ma famille, évacués des départements envahis, ont traversé votre pays au printemps dernier, — mais c'est la France elle-même qui honore et chérit, dans la Suisse, l'une des nations dont la bienfaisance réalise, avec le plus de spontanéité, d'amour et de sincère humanité, le vieux précepte homérique : « Qu'un malheureux, qu'un suppliant soit pour toi un frère ! »

Vous avez bien voulu, mon cher collègue, rappeler l'honneur qui m'échut, en 1893, de saluer, au nom de mes collègues de Paris, le « philosophe de Lausanne ». Je n'ai pas oublié les hauts enseignements que celui-ci nous donna dans son admirable discours, où le culte de la vérité morale s'alliait si naturellement au respect inviolable de la vérité rationnelle et scientifique. Et ce m'est une joie profonde et un précieux encouragement d'être accueilli avec une telle sympathie dans l'université où professa l'illustre Secrétan. Il me semble, à considérer, notamment, la place que tient ici cette grande mémoire, que l'on pourrait résumer l'esprit de l'université de Lausanne par ces deux mots : Indépendance et respect. Je ne vois pas, pour un homme qui cherche la vérité, de plus belle devise.

Indépendance et respect : cette formule s'applique en perfection, si je ne me trompe, à la pensée du philosophe dont je voudrais m'inspirer plus particulièrement dans l'étude que je tente à l'heure présente. Car le nom de Descartes signifie, à la fois, affranchissement de l'esprit à l'égard de toute méthode d'autorité, et soumission inviolable à la vérité légitimement établie.

Je ne sais si l'on a toujours donné toute l'attention qu'ils méritent aux mots très simples par où débute le fameux *Discours de la Méthode* : « Le bon sens est la chose du monde la mieux partagée ». Dans cette phrase est contenue, en réalité, toute la révolution dont Descartes fut le héraut, l'une de celles qui changèrent, de façon décisive, l'orientation de l'esprit humain.

Cette révolution est ce qu'on appelle la sécularisation de la science. Les scolastiques avaient enseigné que toute science supposait une certaine initiation, la connaissance de certains principes et de certaines méthodes dont les habiles ont le monopole, et que les savants constituaient, en quelque sorte, une caste à part, séparée du commun des hommes. En face de cette conception de la science, Descartes déclare : Nulle science, non pas même les plus hautes et les plus abstruses, ne requiert de principes qui ne soient à la portée du commun des hommes, qui ne résident dans ce bon sens dont chaque homme est doué, par cela seul qu'il est homme. Physique, mathématique, métaphysique, ne sont autre chose que le bon sens humain, appliqué aux diverses provinces de l'Etre. Et le bon sens qui préside à la science n'est pas autre que celui qui dirige la vie pratique elle-même. En sorte qu'entre la pensée honnête et prudente du plus humble et les spéculations d'un Aristote ou d'un Euclide il n'y a nulle différence, sinon de degré, de moins de nature.

Au nom de cette doctrine, Descartes condamne la prétention d'établir les fondements des sciences par l'emploi de la méthode syllogistique. Le syllogisme, en effet, a pour condition des principes pris pour accordés. Mais d'où peuvent venir ces principes, au regard d'un homme qui ne connaît d'autre méthode que la syllogistique, sinon d'une autorité qui s'impose arbitrairement ? Le syllogisme est ainsi la forme de la méthode d'autorité. Il peut servir à déduire les conséquences de principes admis par ailleurs, à coordonner et systématiser une somme donnée de connaissances ; mais il ne peut réagir sur les principes qu'il suppose, et en apporter la démonstration. C'est une méthode d'organisation et d'exposition, non de découverte et de justification.

Descartes concluait qu'en bornant au raisonnement syllogistique le travail de la pensée on ne pouvait dépasser le vraisemblable et atteindre au vrai. Il chercha, quant à lui, dans une intuition et une déduction accomplies par le bon sens ou la raison, les principes solides et justifiés dont l'esprit ne peut se passer, s'il veut que sa science soit autre chose qu'un vain dogmatisme ou une collection de recettes purement pratiques.

I

Tel est le point de départ de la philosophie de Descartes. Son argumentation fut généralement adoptée dans sa partie négative, c'est-à-dire quant à la réfutation de la méthode d'autorité. Il apparut désormais comme indispensable, pour qu'un système d'idées possédât une valeur certaine, qu'il fût non seulement cohérent en lui-même, mais fondé, par ailleurs, sur des principes éprouvés, sur des raisons précisément intellectuelles. Mais à beaucoup il sembla que Descartes, par son recours au simple bon sens, eût fait trop familier le commerce des philosophes avec le vulgaire ; et la partie positive de sa doctrine fut, dans plusieurs écoles de philosophes, jugée insuffisante. On s'ingénia à trouver, pour déterminer la valeur des principes, des critériums plus savants, plus subtils, plus philosophiques que le bon sens. De là les nombreux systèmes qui se produisirent à la suite de la révolution cartésienne.

Parmi ces systèmes on en peut distinguer deux, qui représentent comme les deux pôles, à égale distance desquels s'était placée la pensée de Descartes : le système qui cherche le fondement de la science dans le fait, pris en soi, dégagé de tout ce qui s'y mêle, communément, d'éléments subjectifs et extrinsèques ; et le système qui dérive la science de l'idée du tout, telle que l'aperçoit une intelligence proprement métaphysique.

Sous l'influence de la Renaissance, qui avait opposé avec enthousiasme la réalité et la fécondité de la nature aux abstractions vides de la scolastique ; sous l'influence des sciences expérimentales, qui, fondées essentiellement sur l'observation, manifestaient une vitalité, une puissance de développement, une capacité de certitude dont s'étaient montrées incapables les plus habiles constructions de l'esprit humain ; sans doute aussi sous l'influence d'une conception plus positive de la vie, résultant de l'empire, peut-être illimité, que l'homme se voyait maintenant capable d'exercer sur les forces de la nature, de nombreux esprits se persuadèrent que le secret d'une philosophie réelle, stable, perfectible, utile, se trouvait dans l'abdication complète de l'esprit devant le fait, comme devant une donnée absolue, contenant en elle tous les principes de l'être et du connaître. Il se créa une sorte de religion du fait, considéré comme la manifestation immédiate et indiscutable de l'être et de la vérité. C'est la masse infinie des faits contenus sur la terre et dans les cieux que Hamlet oppose avec dédain aux rêves des philosophes :

> There are more things in heaven and earth, Horatio,
> Than are dreamt of in your philosophy.

Et Carlyle, avec un respect religieux s'écrie : « *John Lackland was there* (Ici Jean-sans-Terre a mis le pied !). Voilà une réalité, en comparaison de laquelle tous vos systèmes, toutes vos constitutions, tous vos discours ne sont que du bruit, des ombres et des imagninations. »

Le fait est l'élément de toutes nos idées, c'est la chose véritablement première. Déterminer les faits dignes de ce nom et régler sur eux toutes nos conceptions : tel est l'unique moyen de penser correctement et utilement.

Rien de plus raisonnable, à coup sûr, que la résolution de subordonner docilement toutes les vues de l'esprit aux dictées de l'expérience. Mais on ne saurait se dissimuler que le fait, érigé en principe suprême, suffisant aussi bien que nécessaire, entraîne, après lui, tant dans la vie spéculative que dans la vie pratique, des conséquences paradoxales.

Dans l'ordre de la connaissance théorique, le culte exclusif du fait induit à déprécier les parties de la science où domine l'élément rationnel, pour s'attacher le plus étroitement possible à la partie qui s'appuie directement sur l'observation et l'expérimentation. Pour justifier leurs spéculations désintéressées, les mathématiciens, les théoriciens se voient, dès lors, réduits à alléguer que telle théorie, qui aujourd'hui paraît être sans application pratique, se révélera peut-être, quelque jour, propre à résoudre des problèmes posés par les faits. Mais, de la contemplation désintéressée de la vérité, de cette recherche des harmonies invisibles et supérieures où les Grecs voyaient l'objet par excellence de la science, il ne saurait plus être question. Les idées n'ont plus de valeur que comme résumés et classifications pratiques de nos connaissances.

La défiance à l'égard des idées quelque peu éloignées des faits engendre une spécialisation étroite des savants. Nul n'est admis à énoncer un avis sur un sujet donné, s'il n'est, précisément, l'homme de la partie : *der Mann vom Fach.* En revanche, le spécialiste, possédant ou étant censé posséder la totalité des faits relatifs à la question, parle comme un oracle, tant qu'il n'est pas en présence d'un confrère adonné à la même spécialité. Il n'a même pas besoin, s'il s'adresse à des profanes, de fournir ses preuves. Car, de la valeur de celles-ci, les profanes ne sont pas juges ; c'est assez, pour eux, de savoir que le savant qui leur parle a autorité pour affirmer.

Non seulement l'intérêt pour les idées se trouve, dans cette manière de voir, de plus en plus refoulé par le culte des faits ; mais il se produit une évolution remarquable au sein des sciences de faits elles-mêmes. Tous les faits ne sont pas également accessibles. Il en est dont l'étude ne peut être abordée utilement que si d'autres sont préalablement connus. Telle science de faits a ainsi, dans telles ou telles autres, ses conditions d'existence. C'est ce que l'on constatera, par exemple, si l'on considère l'exégèse des textes anciens, dans son rapport avec la critique et l'établissement de ces textes mêmes. A un point de vue strictement objectif, il est certain que la possession du texte authentique est présupposée par la recherche de la signification de ce texte. Une science qui n'admet d'autre critère que le fait sera disposée, non seulement à ajourner l'interprétation du texte tant que ce texte n'aura pas été directement et définitivement établi, mais encore à préférer, comme plus rigoureusement objective et scientifique, la tâche d'établir le texte à celle d'en déterminer le sens. Non seulement elle remontera du conditionné à la condition, mais elle ne tardera pas à estimer la condition au-dessus du conditionné, à mettre, par exemple, l'archéologie au-dessus de l'histoire, et la partie matérielle de l'archéologie au-dessus de la partie esthétique. Et elle regardera avec pitié ceux qui persistent à croire que les moyens tirent leur valeur de la fin à laquelle ils se rapportent, et que la considération de l'idée n'est pas inutile pour reconstituer la forme qui en est le véhicule.

L'idée, dans ce système, doit sortir, par génération spontanée, des faits eux-mêmes ; l'analyse doit, une fois achevée, produire automatiquement la synthèse. Que si l'analyse complète demande des siècles, la science attendra.

Dans l'ordre pratique, la philosophie du fait engendre également des conséquences dignes d'attention.

Il a pu sembler, au premier abord, que cette philosophie était très propre à maintenir la forme traditionnelle de la vie humaine. Notre croyance en Dieu, au devoir, à la justice, à l'honneur, à la valeur de la conscience morale n'est-elle pas un fait, aussi bien que la chute des corps ; et l'homme qui a pour devise d'obéir aux faits ne doit-il pas respecter les faits moraux, de même qu'il se conforme aux lois des faits matériels ?

Cette manière de justifier, en morale, la philosophie du fait est trop sommaire. Notre croyance, certes, est un fait. Mais les objets de cette croyance : Dieu, le devoir, la valeur de la conscience, ne sont pas des faits ; et, si énergique que soit notre conviction, elle ne saurait, à elle seule, transformer ses objets en réalités.

On ne peut se dispenser d'examiner en eux-mêmes les objets de nos croyances, et de se demander s'ils satisfont aux conditions d'un fait véritable. Or, à cette question, la réponse n'est pas douteuse. Un fait, au sens scientifique du mot, est une donnée dont est retranché tout élément subjectif. Mais il est impossible de dire ce qui reste des concepts de Dieu, du devoir, de la justice, de la conscience morale, si l'on en retranche tout ce que nous y mettons de nous-mêmes, pour n'en conserver que les éléments observables et saisissables du dehors. Le fait proprement dit, c'est ce qui se mesure et ce qui s'exprime, pour tous les esprits, par un même nombre. Si l'on applique ce critère aux objets de nos croyances morales, il n'en est pas un qui ne se dissolve et ne s'évanouisse.

Supposons qu'effectivement on élimine, parmi les principes d'action qui dirigent les hommes, tous ceux où il entre une part de subjectivité, c'est-à-dire de sentiment, supposons que l'on se propose sérieusement de concevoir la vie pratique de l'homme à un point de vue positif et réaliste : alors il ne restera qu'un mobile d'action inattaquable, et ce mobile sera la force. En elle seule se rencontre la réalité certaine, irréductible, visiblement triomphante, que cherche l'apôtre du fait pour régler sur elle ses jugements et sa conduite.

Dans nos sociétés modernes, un autre objet a également, pour un esprit réaliste, une valeur positive incontestable : l'argent. Argent et puissance sont d'ailleurs liés intimement l'un à l'autre. J'ai entendu deux étrangers agiter entre eux la question de savoir s'il était préférable de prendre pour devise : l'argent par la puissance, ou : la puissance par l'argent (*Geld durch Macht, oder Macht durch Geld*). Est-il bien vrai que telle soit l'alternative qui se pose devant l'humanité ? Un homme attardé dans les vieilles idées répondrait : A l'argent et à la puissance, je préfère l'honneur.

Si inquiétantes que puissent paraître les conséquences de la philosophie du fait, soit dans l'ordre théorique, soit dans l'ordre pratique, un homme raisonnable devrait s'en accommoder, si le principe était incontestable. Ce ne sont pas, pour un philosophe, les conséquences qui jugent les principes, ce sont les principes qui jugent les conséquences. Mais le principe en question est-il aussi certain qu'on le suppose ? Le fait a-t-il bien qualité pour être établi comme fondement de notre science et de notre vie ?

L'ambition suprême de l'homme, c'est d'atteindre à ce qu'il appelle la vérité. Dans le culte du vrai il place le principe de sa dignité et de son excellence. Or, y a-t-il coïncidence entre le fait et le vrai ? Suffit-il qu'un fait soit bien réellement établi comme fait, pour qu'il mérite d'être identifié avec la vérité ?

Bien des siècles se sont écoulés depuis que Platon dénonçait dans le *Théétète*, l'opposition du fait et de la vérité. Celle-ci, disait-il, est déterminée, fixe, éternelle : celui-là est insaisissable, mouvant, fugitif. La vérité a une valeur absolue, elle s'impose à toutes les intelligences : le fait n'est qu'une apparence, un phénomène superficiel, sous lequel peuvent se cacher des réalités toutes différentes. Dans le même sens, Aristote a écrit que la poésie, qui a pour matière des idées, est plus vraie que l'histoire, qui raconte des faits. Nous rions du Marphurius de Molière, expliquant à Sganarelle qu'il ne doit pas dire : Je suis venu, mais bien : Il me semble que je suis venu. Mais, si le fait pur et simple était la seule mesure du vrai, Marphurius aurait raison, et l'argument du bâton, qu'emploie Sganarelle, serait sans valeur. Car le fait proprement dit, c'est bien : Je pense être venu, et non : Je suis venu. Dire : Je suis venu, c'est affirmer comme vrai le fait donné à la conscience, c'est conclure du fait à l'être, c'est dépasser la notion du fait pur et simple.

Dans cette remarque se trouve le point de départ du doute méthodique de Descartes ; et les philosophes modernes ont fait les plus grands efforts pour surmonter cette difficulté.

La solution proposée par les philosophes du fait a été la distinction du fait brut et du fait scientifique. S'il est juste de dire que le fait brut ne représente qu'une apparence, le fait scientifique, déclare-t-on, est, en même temps qu'un fait, une vérité. La science est précisément parvenue a élaborer le fait, de manière à le convertir en vérité. Elle n'y ajoute rien, elle ne le transforme nullement : elle dégage la vérité qui s'y cache, comme, dans son creuset, le chimiste sépare le métal de la gangue qui l'enveloppe. La caractéristique de la science moderne c'est, justement, de découvrir, dans l'expérience elle-même, toutes les conditions d'une science capable de vérité.

Séduisante doctrine, dont la théorie newtonienne de la gravitation parut être la démonstration péremptoire. La critique, pourtant, a ébranlé cette manière de voir.

Le fait scientifique n'est pas précisément un fait. Le fait scientifique est un certain système d'éléments. Il implique deux termes fixes et un rapport, également fixe, reliant ces deux termes l'un à l'autre. C'est comme une chaîne établissant une solidarité entre deux objets. Quand je dis : La température de cette chambre est de 15 degrés, je veux dire que tous les objets situés dans cette chambre se comportent d'une manière qui correspond à la hautéur de 15° que présente la colonne liquide du thermomètre. Or rien de ce que je suppose dans cette affirmation n'est vraiment donné. Les conditions de discontinuité, de solidarité, de fixité, de simplicité, de détermination quantitative, impliquées par l'observation scientifique sont en contradiction avec la continuité, la complexité infinie et la mobilité radicale des choses. Ces symboles, il est vrai, nous orientent merveilleusement dans notre monde ; et une telle vertu témoigne, à coup sûr, de quelque ressemblance secrète entre eux et la vérité. Mais l'impossibilité reconnue de jamais identifier nos symboles avec les principes des choses, de jamais substituer définitivement la méthode syllogistique à la méthode d'analyse dans la constitution de la science, nous interdit de penser que jamais le fait, si savamment élaboré qu'il soit, puisse coïncider avec la vérité.

D'ailleurs la critique a, de plus en plus, mis en évidence le rôle actif et constitutif que joue l'esprit dans la détermination des faits dits scientifiques. L'esprit ne les découvre pas purement et simplement comme, dans un champ, on découvre un trésor caché : il les façonne, il les compose, il les construit, en y mettant du sien, à la manière de l'artiste. Les faits scientifiques ne sont pas de purs faits.

Aussi une école s'est-elle formée, qui a pris à tâche de revenir au fait proprement dit, au fait immédiatement donné. Comprenant, d'ailleurs, qu'un tel fait ne peut répondre à la notion classique de la vérité, cette école a résolument posé le fait comme antérieur à la vérité, et déclaré que celle-ci doit être définie, non en elle-même, mais en fonction du fait. Cette école est celle des pragmatistes. Elle n'admet comme existant que ce que la philosophie classique traitait de pure apparence, à savoir le sentiment actuellement vécu par la conscience individuelle, l'expérience, au sens anglais du mot, c'est-à-dire ce que nous éprouvons, ce dont nous avons immédiatement conscience au moment présent. Quant à la vérité, ce n'est autre chose que la propriété que possèdent certaines de nos idées de se trouver vérifiées par l'événement, de justifier notre confiance, lorsque nous les prenons pour guides dans nos jugements ou dans notre conduite.

Cette doctrine, très ingénieusement soutenue par des philosophes aussi savants que profonds, est, semble-t-il, demeurée obscure parce que, si elle se tient strictement à son principe, qui est de mettre tous les états de conscience sur la même ligne, elle ne peut absolument rien affirmer touchant l'avenir, et doit renoncer à donner un sens quelconque au mot vérité ; et que, d'autre part, si elle admet que certaines idées sont plus vraies que d'autres, parce qu'elles nous orientent plus sûrement dans le monde des phénomènes, elle présuppose, dès lors, l'existence en soi d'un ordre, d'une vérité, à laquelle ces idées seraient sensiblement conformes.

Au fond, non seulement le fait n'est pas la vérité, mais la

manière dont il est perçu et posé par nous suppose quelque sentiment préalable de la vérité. Le fait n'est jamais donné, purement et simplement : il est appréhendé, choisi, maintenu sous le regard de la conscience, en tant qu'il est supposé représenter une réalité. Notre conscience de l'état de veille n'est pas autre que notre conscience de l'état de rêve. Un monde d'images plus ou moins incohérentes s'offre constamment à elle. Dans l'état de veille, la conscience, attentive, écarte celles qu'elle tient pour des ombres vaines. Et quand elle dit : Ceci est un fait, sa parole signifie : Cette expérience correspond à une réalité, ceci est. Le moindre fait retenu par la conscience implique la considération de la vérité ; l'action de l'esprit consiste à confronter, de plus en plus directement et étroitement, tous les faits observables avec l'idée de vérité.

En d'autres termes, le fait ne suffit pas. Même pour subsister comme perception dans la conscience et dans la mémoire, il suppose la confrontation de nos états de conscience avec la notion de vérité. Comment se fait cette confrontation ? Quelle est la puissance de l'esprit qui juge entre les différentes impressions ou faits bruts, et qui confère à telles ou telles le titre de fait réel, de fait digne d'entrer en ligne de compte dans notre science et dans notre vie ? J'ai ouï dire que M. Thiers, à une séance de commission, conclut un jour une discussion technique par ces mots : « Vous avez entendu les hommes spéciaux : ils n'ont pas été d'accord. Les hommes spéciaux ne sont jamais d'accord. Qui les départage ? le bon sens. » Il en est de même des faits. Ils sont infiniment divers et incohérents. Qui choisit entre eux, pour mettre en lumière et utiliser ceux qui sont gros de vérité ? Le bon sens.

Il est donc vain de prétendre remplacer la philosophie du bon sens par la philosophie du fait. Celle-ci repose sur celle-là.

*
* *

A l'extrême opposé de la philosophie du fait s'est développée une doctrine qui tend, de même, à substituer au bon sens, comme fondement de notre certitude, un principe plus savant et d'apparence plus rigoureuse. C'est ce qu'on peut appeler la philosophie de l'*a-priori*. L'une des formes les plus originales et les plus définies qui s'en rencontrent est la doctrine allemande de la raison (*Vernunft*), considérée comme radicalement distincte, et des sens (*Sinnlichkeit*), et de l'entendement même (*Verstand*). La raison, proprement dite, selon Kant, est la faculté de conférer l'unité aux connaissances diverses et disjointes de l'entendement. Du haut de cette unité, dite rationnelle (*Vernunfteinheit*), l'esprit est en mesure d'attribuer à chacune de ses connaissances sa véritable signification et valeur.

On peut dire, d'une manière générale, que, selon cette doctrine, c'est l'idée du tout (*die Idee des Ganzen*) qui est la mesure de la valeur des parties. Nulle d'entre ces dernières, par elle-même et à elle seule, ne possède une nature définie où une réalité certaine. C'est uniquement sa place, son rôle dans le tout, qui en fait un être déterminé et véritable. Je me rappelle que le célèbre professeur de chimie de Heidelberg, Hermann Kopp, avait coutume de dire : *Ein Text ist gar nichts ohne den Kontext* (Un texte n'est rien, isolé de son contexte). La philosophie dont je parle admet qu'effectivement c'est le contexte seul qui donne son sens, qui donne un sens, à un texte quelconque ; et que, hors de son rapport au tout, la partie n'est, littéralement, rien.

L'originalité de cette doctrine consiste à pousser à l'extrême une idée qui, entendue en un sens moins absolu, est chère à tous les penseurs, et en particulier aux philosophes. Telle que la conçoivent les métaphysiciens allemands de la raison, l'affirmation du rapport des parties au tout devient le contraire même de la doctrine cartésienne. Descartes, en effet, professait qu'il est des choses dont il est possible d'acquérir une connaissance vraie en les considérant en elles-mêmes, et en s'en faisant ainsi, directement, une idée claire et distincte. Selon la doctrine allemande, il n'est absolument rien dont on puisse obtenir une connaissance vraie, une connaissance quelconque, autrement qu'en le considérant dans son rapport au tout dont il fait partie.

Quelles conséquences engendre cette doctrine quand on la développe, c'est ce qu'il importe d'examiner.

Dans l'ordre spéculatif, la doctrine consiste à soutenir : 1° que nulle partie n'est, à aucun degré, connaissable en elle-même ; 2° que toute partie est connaissable, en tant qu'on la rapporte au tout auquel elle appartient. Or de quel tout s'agit-il ? Il est clair que tel ensemble qui, relativement à telle partie, est un tout, n'est plus, lui-même, qu'une partie au regard d'un tout plus grand. Il n'y a qu'un tout qui puisse mériter vraiment le nom de tout. C'est le tout des touts, le tout universel et divin. Seul, celui qui peut se placer au point de vue de ce tout voit les choses dans leur être, dans leur signification intime, primitive et vraie.

Un tel point de vue est-il accessible à l'homme ? En aucun temps et en aucun pays on ne l'a pensé, sauf chez un peuple qui s'est dressé en face de la civilisation classique comme le représentant de la lumière en face des ténèbres, de la vie en face de la mort, de la création en face de l'inertie, de Dieu en face du monde : l'Allemagne. L'esprit allemand peut se placer au point de vue du Tout parce qu'en lui-même il trouve la conscience du Tout. Son moi est le moi de l'univers, sa pensée est celle de Dieu.

C'est pourquoi les Allemands traitent de toutes choses à un point de vue universel, et, seuls entre tous les hommes, savent assigner à chaque partie sa place et sa valeur. Les Français, par exemple, écrivent l'histoire de la France ; les Anglais celle de l'Angleterre ; les Italiens celle de l'Italie ; les Allemands ne connaissent que l'histoire universelle (*Die Weltgeschichte*). Et de cette synthèse totale ils possèdent l'idée organisatrice, car cette idée n'est autre que l'avènement, le développement, et, finalement, la suprématie universelle du germanisme, en opposition au romanisme. Les fils de Dieu créent son royaume en subjuguant les fils des hommes.

Si de l'histoire universelle du monde on descend à l'interprétation d'événements particuliers, tels, par exemple, que les faits de la guerre actuelle, les Allemands, de même, sont seuls en mesure de concevoir, à leur sujet, des idées saines. Quelques esprits superficiels ont parlé de violation des traités et du droit, d'atrocités, de dévastations gratuites et de barbarie savante ; c'est qu'ils étaient incapables de replacer le détail des faits dans le tout idéal dont ces faits tirent leur raison d'être et leur signification. Ils ne pouvaient comprendre que tous les actes de la puissance allemande sont des effets de l'impératif catégorique, des témoignages, de la faveur ou de la colère, de la sagesse, de la toute-puissance et de la sainteté divines.

Les conséquences de la philosophie de la synthèse universelle en matière pratique ne sont pas moins notables. Certes, il est beau de se dévouer sans restriction à la communauté dont on fait partie. De tout temps le sacrifice a été estimé l'une des formes les plus nobles et les plus fécondes de l'action humaine. Mais, pour que le sacrifice soit jugé véritablement grand, il ne suffit pas, selon la conscience commune, qu'il soit total, ni qu'il soit pleinement consenti : il faut qu'il soit consacré à une cause certainement belle et bonne. Or, selon la doctrine allemande, le Tout, par cela même qu'il est le tout, est nécessairement et le plus fort, et le meilleur, le plus noble, le plus saint. En sorte que l'organisation n'est pas seulement un instrument, susceptible d'être employé à la réalisation de telle ou telle fin : elle est elle-même la fin et le bien suprême. Et, par suite, la seule morale qui réponde à l'idée vraie du devoir est celle qui prescrit à l'individu d'abdiquer totalement sa personnalité humaine, pour s'adapter, purement et simplement, à la fonction spéciale qui lui est assignée dans le tout. Cette conception a trouvé sa réalisation dans l'Etat prussien, qui est le type et le principe de l'organisation allemande, et qui fait du pays tout entier une machine où ne subsistent que des rouages exactement appropriés à leur destination. C'est ainsi, pourrait-on dire, que les formes et les catégories de Kant s'emparaient du divers spontané de l'intuition, et le transmutaient en un réseau impénétrable de mailles liées indissolublement les unes aux autres.

Telles sont les conséquences ultimes de la philosophie qui pose comme premier et unique principe l'idée du Tout. Il serait vain de s'en scandaliser si le principe était incontestable. Mais, de même que la donnée première des philosophies dites empiriques, le fait, ne peut être identifiée avec la vérité, de même l'idée du Tout, qui est en quelque sorte l'antipode du fait, ne peut légitimement être reconnue pour le type primordial du vrai.

Il y a dans la vérité deux éléments : l'un d'intelligibilité, l'autre de réalité. Le fait est, à lui seul, impuissant à procurer l'intelligibilité : l'idée du Tout, de son côté, ne porte pas nécessairement en elle la réalité. L'esprit humain, lorsqu'il identifie l'idée du Tout avec la vérité, est dupe, semble-t-il, d'une fausse analogie. Supposez que, l'*Iliade* d'Homère étant inconnue, toutes les lettres dont elle se compose soient étalées, éparses, sur une table. Nul d'entre ces caractères, pris isolément, n'offre un sens quelconque. Mais si, par impossible, nous parvenions à former de ces matériaux, l'*Iliade* d'Homère, nous ne douterions pas un instant que nous n'ayons découvert la vraie place et le vrai rôle de chacun de ces éléments. Le tout, par sa magnifique intelligibilité, révélerait de lui-même sa réalité. Et la raison d'être et le rôle véritable de chaque lettre seraient établis d'une façon certaine. D'une manière analogue, étant donné un système d'idées parfaitement agencées, tel, par exemple, que le système de Hegel, on conclut, selon la formule de Hegel lui-même, que ce qui est rationnel ne peut manquer d'être en même temps réel. Sans doute, un système demeure une abstraction, inégale à la réalité, aussi longtemps qu'il n'est pas rigoureusement systématique. Mais le système dont la forme est achevée ne fait qu'un avec l'être lui-même.

Ainsi serait réalisée la fascinante promesse du tentateur : *Eritis sicut dii.* L'homme posséderait, dans la forme systématique ou modèle de la science, le moyen de capter les principes mêmes de l'être et de la vérité.

Mais l'analogie qui détermine cette conception est infidèle. L'homme ne se trouve pas, en face de la nature, dans le cas d'une personne devant qui seraient étalées les lettres dont se compose l'*Iliade.* Ces lettres sont en nombre fini, et les phénomènes de la nature sont en nombre infini. Ces lettres sont des individus, et les phénomènes naturels sont infinis et continus. L'*Iliade* d'Homère, une fois reconstituée, comprendrait la totalité des matériaux donnés, tandis que nos systèmes les plus vastes ne comprennent jamais qu'une faible portion de la réalité qui nous est accessible, et ne peuvent, notamment, anticiper sur l'avenir. Enfin, l'*Iliade* est, bien réellement, une œuvre claire, harmonieuse et belle, tandis que la clarté, l'intelligibilité, la cohérence, l'harmonie de nos systèmes demeurent toujours incertaines, relatives et en partie conventionnelles. Ni les définitions, ni les raisonnements n'y réalisent effectivement la netteté, la précision, la rigueur, la parfaite homogénéité, que nous nous efforçons de leur conférer.

C'est pourquoi nos systèmes, si grandioses soient-ils, demeurent des abstractions et des inventions humaines. Ce sont des tableaux plus ou moins riches et ordonnés, composés avec des notes de voyages, entre les quatre murs de l'atelier. Ce n'est pas la totalité des éléments de l'univers, révélant son unité et la liaison de ses parties dans un portrait fidèle : c'est une image composée artificiellement, avec quelques éléments choisis et arrangés, de manière à nous donner à nous-mêmes une impression d'unité, d'ordre et de cohérence.

Ainsi, pour nous autres hommes, la forme ne peut jamais être l'équivalent, le substitut du fond ; la perfection du système n'en peut garantir la vérité ; l'idée du tout ne coïncide pas avec l'idée de l'être.

Savons-nous, même, à nous interroger sans parti pris, si l'être est un tout, une unité, un système ? C'était la pensée de Descartes, que nous n'avons pas le droit de préjuger l'unité de l'être, et qu'il n'est nullement impossible que le réel se compose de principes divers, reliés entre eux par des rapports inacccessible à notre logique. Et déjà Platon avait pensé discerner, au fond de l'être, des idées ou essences irréductibles les unes aux autres, et formant, par la manière dont elles s'unissent, des harmonies vivantes, supérieures à nos systèmes de concepts. Non seulement ces systèmes n'embrassent qu'une faible portion de la réalité et ne réussissent qu'imparfaitement à faire rentrer dans leurs cadres cette portion même ; mais nous ne savons pas si l'ensemble des êtres forme un système, et si la recherche obstinée d'un Tout fermé et morne ne risque pas de nous éloigner de la vérité.

Qu'est-ce à dire, sinon qu'il en est de l'idée du Tout comme du fait : ni l'un ni l'autre ne saurait être le premier principe de notre science et de notre conduite. Certes, l'idée de système, comme l'idée de fait, joue un rôle capital dans notre investigation de la vérité. Il n'est pas douteux que la considération d'ensembles de plus en plus larges ne permette de se faire, des parties, une idée de plus en plus juste. L'esprit humain, d'ailleurs, est, comme disait Kant, architectonique de sa nature ; et sa manière de demander au monde s'il est intelligible consiste, tout d'abord, à lui demander s'il constitue un système analogue à ceux que nous formons avec nos idées. Le rôle capital des théories dans la science n'est plus mis en question. Et l'on ne saurait se contenter, aujourd'hui, de voir passivement les faits se produire et d'attendre que, d'eux-mêmes, ils s'ordonnent en classifications scientifiques et en lois.

Mais nos systèmes ne sont jamais que des hypothèses dont la justification ne peut venir que d'une confrontation avec la réalité. Si cohérent, si riche que soit un système, si profond qu'apparaisse le sens qu'il enferme, jamais il ne peut être confondu avec le réel. Toujours, si nous en voulons loyalement mesurer la valeur, il nous faut le considérer, non seulement en lui-même, mais dans son rapport avec l'être. L'idée du Tout, si féconde soit-elle, n'est pas le principe même de la connaissance. Elle sera maîtresse d'erreur autant que de vérité, si elle n'est contrôlée par une autorité supérieure, à savoir par la faculté de communiquer directement avec le réel, et d'apprécier la conformité de nos conceptions avec l'être lui-même.

Mais qu'est-ce que cette faculté, sinon ce que Descartes appelait le bon sens ? Et ne convient-il pas de conclure que, comme le fait, l'idée du Tout est un principe très légitime et très efficace, à condition que nous ne la considérions pas comme suffisante et comme se suffisant, mais bien comme dépendant du principe véritablement premier : le bon sens.

II

Qu'est-ce donc, au juste, que le bon sens ? Comment se développe-t-il ? Quel rôle remplit-il dans les opérations de notre intelligence ? Quels caractères imprime-t-il à notre vie spéculative et à notre vie pratique ?

Si beaucoup d'esprits sont mal disposés à tenir le bon sens pour une faculté vraiment philosophique, c'est qu'ils le confondent avec le sens commun. Tel n'était pas le sentiment de Descartes, qui considérait comme expressions équivalentes à celle de bon sens celles de *bona mens*, *sapienta humana*, raison. Le sens commun est l'opinion communément reçue, c'est une forme de l'esprit qui peut avoir sa source, soit dans le bon sens, soit dans des préjugés ou des ignorances généralement répandus parmi les hommes. Heurter le sens commun n'est pas nécessairement tomber dans l'erreur ; et s'y conformer n'est pas pénétrer les choses. Le bon sens est, non une simple habitude, mais une propriété essentielle de l'esprit humain. C'est, à la différence des sens externes, qui n'atteignent que des apparences, une sorte de sens de l'être, c'est-à-dire du réel et du possible dans leur rapport avec la vérité.

Est-ce une intuition, est-ce une conception ? Kant a soutenu avec une grande profondeur, que nulle intuition, chez l'homme, ne peut se passer de concept, et que nul concept ne peut se passer d'intuition : *Anschauung ohne Begriff ist blind, Begriff ohne Anschauung ist leer.* (L'intuition sans concept est aveugle, le concept sans intuition est vide.) Mais Kant, tout en conjecturant qu'au fond de l'esprit doit se cacher une racine commune de l'intuition et du concept, tient la raison humaine pour condamnée à ne jamais connaître le concept et l'intuition que comme deux choses hétérogènes, et à n'en faire la synthèse que du dehors, ainsi qu'un chimiste combine deux substances préalablement données. Et il ne tarde pas à s'apercevoir qu'ainsi conçue, la réunion effective de l'intuition et du concept est une tâche infinie, un problème qui, à mesure qu'il semble résolu, suscite des problèmes nouveaux. Comme l'a dit Goethe, le philosophe qui procède par synthèse tient en ses mains les parties, mais ne peut ressaisir le lien spirituel qui faisait le tout :

Dann hat er die Teile in seiner Hand,
Fehlt, leider ! nur das geistige Band.

La pensée cartésienne était celle qu'ici exprime Goethe. Chercher l'unité par voie de synthèse, c'est renoncer à l'atteindre. Ou l'unité est le point de départ, ou elle est inaccessible. Ou l'union interne du concept et de l'intuition est saisissable d'abord et directement, ou elle est à tout jamais inconnaissable.

Certes, c'est en vertu d'une argumentation très puissante que Kant dénie à l'homme la faculté de saisir, dans leur unité première, le concept et l'intuition. N'a-t-il pas, toutefois, dès le principe, abandonné le terrain de la vie et de la réalité pour celui du concept et de l'abstraction, lorsqu'au lieu de considérer l'esprit dans son effort pour connaître et agir, il est parti de la définition du concept et de celle de l'intuiton, pour chercher si ces deux entités philosophiques sont réductibles l'une à l'autre ou radicalement distinctes ? Sous le nom d'intuition, c'est, en réalité, le concept de l'intuition que Kant examine ; et, ayant ainsi creusé un abîme entre le domaine de l'intelligence et celui de l'être, il s'est proposé de pénétrer dans celui-ci en partant de celui-là : tâche contradictoire !

Le point de vue de Descartes demeure légitime en dépit de la critique kantienne, qui ne l'atteint pas véritablement. Notre existence, ainsi qu'il nous le montre, n'est pas séparable de notre pensée. Ce n'est pas en vertu d'un syllogisme, et du dehors, que nous unissons, dans la proposition : *Cogito ergo sum*, la pensée à l'être, le concept à l'intuition. L'unité de la pensée et de l'être, de la théorie et de la vie, est saisie d'abord. Nous décomposons ensuite, pour la commodité de notre entendement fini, cette unité concrète ; nous obtenons alors une dualité qui rendra possible des raisonnements abstraits, des syllogismes, traduisant l'être par des systèmes d'idées.

Tel est, dans son fonds, le bon sens. Comment se déploie-t-il dans l'esprit humain ?

Nul doute qu'il ne doive être considéré comme inné. Comment pourrait être fabriquée une union vivante de la pensée avec l'être ? Mais on sait que Descartes se défendait énergiquement d'assimiler le bon sens ou la raison à un texte qui serait écrit sur des tablettes et qu'il ne s'agirait que de lire et de réciter. Je soutiens, répétait-il, que les idées de la raison sont innées en nous, comme on dit que la générosité est innée dans certaines familles. La puissance du bon sens est en nous primitivement, elle est le fond, le trait distinctif de notre esprit. Mais cette puissance ne se réalise que par un effort méthodique, circonspect et scrupuleux. Le bon sens s'éveille, au contact de l'expérience, chez l'homme qui se propose de penser et d'agir avec réflexion, avec probité.

Il ne surgit pas dans sa forme parfaite. Son développement ne s'opère que progressivement, et réclame une culture appropriée.

La raison, estimait Descartes, ne peut, à elle seule, par une dialectique interne, construire l'édifice de ses idées. Elle doit se mettre à l'école. Et ses deux maîtresses sont la science et la vie. Les sciences nous donnent, en quelque sorte, la sensation de la vérité. La vie opère le départ des idées vaines, simple amusement de l'esprit, et des principes effectifs de l'existence, de la dignité et de la grandeur de l'homme. A réfléchir sur les sciences et la vie, dans un esprit à la fois critique et dévoué à la vérité, l'homme développe en lui cette faculté de juger de toutes choses avec droiture et solidité qui, précisément, constitue le bon sens.

Descartes ajoute que cette éducation de la raison ne doit jamais être tenue pour achevée. Comme conclusion, dit-il, des règles de conduite que je me suis tracées, j'ai résolu d'employer toute ma vie à cultiver ma raison.

Si la pratique des sciences et l'expérience de la vie développent et orientent le bon sens, c'est qu'elles l'exercent, le mettent à l'épreuve, le stimulent, et, en définitive, ne sont, elles-mêmes, que le bon sens, appliqué à différents objets.

Est-ce à dire que le bon sens soit comparable à un fondement, sur lequel repose un édifice, et qui possède une existence propre, indépendamment de la construction qu'il supporte ? Tel n'est pas, en réalité, le rôle du bon sens. On ne le consulte pas en jetant les bases d'une science, pour le congédier ensuite. Il doit accompagner et guider, à tous les instants, la recherche scientifique, comme un ange gardien assiste, à chaque pas, l'âme qui lui est confiée. Ni l'observation la plus objective des faits, ni le raisonnement le plus méthodique et le plus rigoureux ne peuvent se passer du bon sens. Constater un fait, c'est interpréter ; et qui interprète a besoin du bon sens. Raisonner sérieusement, c'est lier entre elles, pour l'esprit, des choses, et non simplement des concepts ; et ceci n'est possible que si nos concepts sont constamment confrontés avec les réalités ; or, cette confrontation est affaire de bon sens. Faute de soutenir le raisonnement par le bon sens, on tombe dans le travers signalé par Molière :

> Raisonner est l'emploi de toute ma maison,
> Et le raisonnement en bannit la raison.

Le bon sens n'est pas, pour notre science et pour notre vie, ce que sont les fondations pour un édifice. C'est bien plutôt l'analogue du tronc qui, du bas au haut de l'arbre, soutient les branches et distribue la sève.

Une fois mis au rang qui lui appartient, le bon sens, loin de rendre inutiles les principes de connaissance et d'action que les écoles philosophiques ont tenté de lui substituer, féconde ces principes, en même temps que lui-même s'en nourrit.

Si le fait, séparé du bon sens qui l'interprète et qui le juge, se plie à démontrer, comme à réfuter, une thèse quelconque, le bon sens, en revanche, s'il prétendait se passer des faits, resterait enfermé dans un cercle infiniment restreint, et ne produirait que des idées insignifiantes. C'est dans le fait que le bon sens découvre cet élément de réalité vraie, indépendante de notre imagination et de notre volonté, dont, en principe, il affirme l'existence. Et en même temps, par l'action du bon sens, le fait devient précisément ce que veulent voir en lui les philosophes de l'observation et de l'expérience : le point de départ et la pierre de touche de nos théories sur la nature.

C'est dans cet esprit que la science moderne est expérimentale. Les faits sur lesquels elle s'appuie ne sont pas des données brutes, acceptées passivement par une pensée inerte ; ce sont des œuvres d'art, où la part de notre intelligence est si considérable que l'on a pu se demander si ce n'étaient pas, en définitive, de pures créations humaines Paradoxe insoutenable, à coup sûr, car le travail de l'ouvrier consiste précisément à dégager ce qui, dans les choses, ne dépend pas de nous. Mais ce travail ne saurait être exécuté par les choses elles-mêmes : il exige l'intervention d'une activité intellectuelle guidée par le bon sens.

De même, l'idée du Tout, la considération des choses dans leur rapport au tout qui les contient, insuffisante pour nous conduire au vrai si elle est détachée du bon sens, devient un puissant moyen de connaître, si elle est appliquée, selon le bon sens, avec discernement et avec mesure.

D'une manière générale, il est certain que l'esprit tend à se former des systèmes. C'est sa manière de maîtriser la multiplicité et la diversité infinies des choses. Et la vérité, qu'il cherche à connaître, est, sans doute, sinon précisément un système, du moins une connexion des choses entre elles, une unité spirituelle à la fois riche et harmonieuse.

Réduit à lui-même, le bon sens ne saurait considérer les choses qu'une à une, et n'en découvrirait que fortuitement les rapports. Stimulé par l'idée du Tout, il construit ces vastes hypothèses qui sont, comme l'expérience l'a montré, les véritables leviers du monde des faits scientifiques. Le bon sens nous permet, comme disait Platon, de poser à propos tantôt l'un, tantôt le multiple, c'est-à-dire de discerner, dans l'intervalle infini qui s'étend entre le chaos des faits particuliers et le tout universel, ces touts partiels, qui seuls nous sont accessibles, et qui seuls, peut-être, existent véritablement. Ce qu'on appelle une espèce ou une loi naturelle, c'est un faisceau partiel de phénomènes qui subsiste à travers l'immensité des choses, sans subir, de façon notable, l'influence des autres phénomènes. Guidée par le bon sens, la systématisation de l'expérience demeurera toujours subordonnée à la vérification, et provisoire. Et elle pénétrera d'autant mieux la nature du réel, qu'elle prétendra moins se substituer à lui. Nos théories, nos systèmes sont légitimes et féconds, dans la mesure où l'esprit les domine, et reste prêt à les modifiér ou même à les abandonner, si le bon sens le commande.

Il est intéressant de considérer la forme générale que l'application de la philosophie du bon sens doit donner tant à notre vie intellectuelle qu'à notre vie morale.

Avec le progrès des sciences s'est accrue, naturellement, la division du travail. La spécialisation est, de ce progrès même, une condition en même temps qu'un effet. Or, cette condition doit-elle être désormais considérée non seulement comme nécessaire, mais comme suffisante ? A l'homme, tel que le concevaient les Grecs, intelligence souple et vive, capable de s'appliquer à une infinité de tâches diverses, convient-il de substituer un manœuvre, exclusivement adapté à une fonction déterminée ? Suffit-il, pour que chaque œuvre soit exécutée en perfection, qu'un spécialiste suprême, chargé de la synthèse, organise le travail du dehors, distribuant les tâches et coordonnant les résultats ?

Selon la philosophie du bon sens, cette substitution radicale du fonctionnaire à l'homme est illégitime. L'homme, tel que le conçoit la pensée classique, participant, en chaque individu, à la nature humaine, capable, par suite, de se développer dans les sens les plus divers, mérite de subsister, à travers les spécialisations que les conditions de la science et de la vie moderne rendent nécessaires. La raison humaine a sa beauté, sa valeur, qui n'est point effacée par les mérites des compétences spéciales, de même que la lumière blanche du soleil conserve sa splendeur à côté des couleurs variées en lesquelles le prisme la décompose. Et, en réalité, la science elle-même est intéressée au maintien de cette intelligence universelle par où l'homme domine ses recherches particulières. Si la spécialisation suffit, à la rigueur, quand il ne s'agit que de développer et d'appliquer les idées acquises, elle est, d'une manière générale, mal propre à la découverte. Et les grands inventeurs sont, le plus souvent, des hommes qui concentrent sur un objet très défini toutes les forces d'une intelligence vaste et libre, capable de hardis et profonds rapprochements.

C'est pourquoi les esprits amis du bon sens ne s'emprisonnent pas dans leur spécialité, mais s'appliquent à comprendre, sinon dans leurs détails, du moins dans leur esprit, les études spéciales des autres hommes. Ils ont à cœur de n'être pas des hommes partiels (*Teilmenschen*), mais des hommes, dans toute la force du terme. Ils conçoivent l'union des travailleurs comme devant reposer, non seulement sur la communauté du but à atteindre et sur une organisation mécanique de pièces hétérogènes, mais sur une identité foncière de nature et d'éducation.

Et, comme le fonds commun par excellence, la raison, n'est pas autre chez les savants de profession et chez le commun des hommes, les esprits qui se réclament du bon sens persistent à faire cas, en toutes choses, du sentiment de ceux qu'en bon français on appelle les honnêtes gens. Les fautes que commettent les techniciens les plus habiles souvent ne sont autre chose que des dérogations au plus vulgaire bon sens.

Enfin, une société où le bon sens est apprécié à sa valeur voudra, naturellement, maintenir chez la femme ces qualités de souplesse, de finesse, de vivacité, d'intuition, de délicatesse, de grâce et d'élégance, par où elle joue, sans doute, dans le monde un rôle plus important, plus grand et plus utile que celui qu'elle remplirait en renonçant à ses qualités propres pour essayer d'emprunter celles des hommes. D'une manière générale, l'homme a plus de penchant que la femme à s'écarter du bon sens pour se confier à l'esprit de spécialité ou à l'esprit de système. Et les conditions de la vie moderne accroissent, chez l'homme, cette disposition. Plus que jamais, donc, il apparaît comme désirable que la femme, en restant elle-même, contribue, pour sa part, à maintenir l'équilibre et la santé de l'esprit humain.

Si la philosophie du bon sens engendre, dans la vie spéculative, des conséquences dignes de remarque, il en est de même en ce qui concerne la vie pratique.

Les anciens plaçaient dans la raison le lien des sociétés humaines : *ratio vinculum societatis.* Cette maxime ne serait qu'une vaine métaphore, si tous les éléments des sociétés humaines devaient se trouver dans des faits matériels, ou encore si la société était un tout à ce point substantiel, que les individus tinssent d'elle seule tout ce qu'ils valent et tout ce qu'ils sont. Mais, si le bon sens ou la raison est, bien véritablement, un attribut inhérent à tout être humain, et essentiellement identique à travers la diversité de ses manifestations, les anciens ont pu voir, à bon droit, dans cette raison, le principe qui, chez les hommes, s'ajoute à l'instinct et à l'utilité, pour fonder et maintenir les sociétés, et qui donne à celles-ci un objet, une dignité infiniment supérieurs. Ce n'est pas seulement le hasard ou la contrainte qui détermine les hommes à vivre ensemble et à former des communautés : c'est leur humanité même et le libre consentement de leurs volontés raisonnables.

C'est pourquoi la société ne saurait, sans renoncer à sa dignité de société humaine, dénier à ses membres le droit de se posséder, de penser et d'agir selon les inspirations de leur raison, pourvu qu'eux-mêmes reconnaissent ce même droit à leurs semblables. Comme la raison fonde la société, ainsi elle en limite le pouvoir. Aux individus, comme hommes, appartiennent des droits égaux chez tous, et imprescriptibles.

Ce n'est pas tout. La société que chaque individu trouve

immédiatement au-dessus de lui n'est pas la société humaine universelle, c'est une société particulière, subsistant à côté d'autres communautés plus ou moins analogues. Or, dans les théories qui prétendent se passer du bon sens, la légitimité de ces sociétés partielles, reste indémontrable. Si l'on n'admet que le fait, il est clair que ce fait peut être demain autre qu'il n'est aujourd'hui, sans qu'on voie de quel droit on pourrait condamner ce changement. Si l'on pose le Tout comme seul fondement de l'ordre et de la valeur, les Etats particuliers ne pourront revendiquer d'autre destinée que celle d'occuper, dans le Tout, la place où les confinera celui qui aura pu, au nom de sa force, s'arroger le rôle de représentant du Tout et d'organisateur du monde humain.

Mais si l'individu, comme être raisonnable, est doué d'une valeur intrinsèque, il en est, logiquement, de même des nations qui, possédant une véritable personnalité, sont, elles aussi, des incarnations du bon sens ou de la raison humaine. Ces nations sont, par là-même, respectables. Elles sont, comme disait Kant, des fins en soi, et ne peuvent, sans que soit lésée la dignité humaine, être sacrifiées aux ambitions ou aux violences de l'une quelconque d'entre elles.

Et l'on conçoit que ces nations, moralement égales, comme sont égaux, dans un Etat régi par la justice, les individus les plus divers, s'efforcent, elles aussi, par l'établissement d'une justice internationale, de créer une société universelle, qui donnerait toute sa signification morale au mot humanité. Une telle société ne serait pas une simple juxtaposition, ce ne serait pas non plus l'oppression et l'assimilation des plus faibles par le plus fort : ce serait le libre épanouissement de la raison humaine, dans toutes les directions que donnent à son activité ses rapports avec l'infinie variété des choses.

La doctrine qui place dans le fait pur et simple le seul principe de tous nos jugements nous enjoint d'abdiquer notre dignité d'hommes, et de nous soumettre passivement aux choses. Celle qui n'admet d'autre loi que l'idée du Tout suppose que les hommes, ou, du moins, quelques-uns d'entre les hommes, possèdent la faculté surhumaine de connaître le plan divin des choses, et d'assigner à chaque partie la place qui, selon ce plan, lui revient dans le Tout.

Mais il semble que notre condition d'homme ne soit ni si humble ni si haute. Nous occupons une région intermédiaire entre les choses et Dieu ; nous faisons partie du monde, et, en même temps, nous en cherchons les causes. Et notre être n'est pas un simple point de rencontre entre rien et tout ; mais nous possédons, dans le bon sens ou la raison, la faculté de nous orienter, tant dans le monde qui est au-dsesous de nous que dans celui qui est au-dessus. Et la puissance de cette raison n'est pas médiocre, si nous savons la développer et nous unir pour en user méthodiquement. « C'est, disait Montaigne, une absolue perfection, et comme divine, de savoir jouir loyalement de son être ». Or l'homme vraiment homme se reconnaît à ce double signe : il se refuse invinciblement à subir la loi du fait ou de la force, et il s'incline devant Dieu.

CERTITUDE & VÉRITÉ

Conférence donnée à Londres, le 9 décembre 1914 (1)

(1) Extrait des comptes-rendus de la British Academy, vol. VI.

CERTITUDE ET VÉRITÉ

....

Messieurs,

Certitude et Vérité : ne sont-ce pas termes équivalents ? Ne disons-nous pas quasi indifféremment : Je suis certain, cela est certain, cela est vrai ? Peut-on être réellement certain d'autre chose que de la vérité ? Et la vérité, dès qu'elle est perçue, n'engendre-t-elle pas la certitude ? Faut-il voir autre chose qu'une subtilité de philosophe dans l'idée de considérer comme un problème la relation de ces deux termes ?

Nul doute que les philosophes n'aient parfois créé des problèmes factices. Ils voudraient, non seulement savoir, mais comprendre. Et ce besoin, au fond très difficile à définir, les met à la torture. Mais souvent aussi les concepts, en apparence très voisins les uns des autres, qu'ils confrontent de la sorte, sont comme des statues qui ne s'étonnent pas de voisiner dans un musée, tandis que les originaux, dans le monde des réalités, se combattent et s'entre-détruisent. Considérez les mots : foi et croyance : ils semblent synonymes. Mais ceux qui, dans la religion, mettent la foi au-dessus des croyances ne peuvent s'entendre avec ceux qui posent les dogmes avant la foi. Qui sait s'il n'en serait pas de même de ces mots : « Certitude et Vérité », qui, dans le dictionnaire, ne semblent ne différer entre eux que comme le côté concave et le côté convexe d'une même courbe.

I

Il faut reconnaître que le premier mouvement des hommes n'est pas de se poser ce problème. Dans la vie ordinaire nous nous appuyons sur notre certitude, dont nous avons un sentiment très net, et nous admettons, sans trop nous demander si nous en avons le droit, qu'à une conviction ferme correspond la possession d'une vérité. On entend souvent donner comme preuve d'une affirmation cet argument : « Je suis intimement persuadé, je suis fermement convaincu qu'il en est ainsi ». En Allemagne, notamment, cette formule revient à chaque instant dans le discours : *Ich bin fest überzeugt.*

Cependant il arrive que des affirmations également énergiques soient, en fait, contradictoires, et, par suite, engendrent des disputes. Alors les hommes s'efforcent de justifier leur certitude par des arguments moins personnels que leur conviction pure et simple : ils cherchent à prouver que leur certitude se fonde sur la vérité. On sait que, dans l'ordre pratique, et spécialement dans l'ordre moral, il nous est souvent très difficile de faire agréer nos raisons par l'adversaire. Enserré dans des arguments dont il ne peut se défaire, réduit au silence, celui-ci, souvent, persiste dans son sentiment, non toujours par obstination, mais parce qu'il croit, de bonne foi, que les objections qui lui sont faites ne portent pas.

La croyance à la valeur propre de la conviction paraît avoir été très répandue au siècle dernier, à l'époque où le romantisme exaltait la vie intérieure, la foi dans l'intuition, comme plus sûre et pénétrante que la démonstration. On ne s'effrayait pas, alors, d'être seul de son avis. On considérait plutôt comme un signe de supériorité, et presque comme un devoir, de penser pour son compte, à sa manière, autrement que les autres. On était fier de posséder des convictions personnelles, et on mettait son honneur à y persévérer, quelles que fussent les révolutions qui se produisaient dans la société. Et volontiers on trouvait très normal que la plus grande diversité régnât dans les opinions des hommes : à chacun d'eux on reconnaissait le droit de penser par lui-même, et de défendre ses idées par la parole et par la plume.

L'humanité, cependant, ne peut se contenter d'une vie de dilettante. La doctrine de la conviction individuelle, qui, dans les salons, engendre de brillants tournois oratoires, se traduit, dans la vie réelle, par des luttes redoutables, par des révolutions et des bouleversements. D'ailleurs, ne serait-ce pas renoncer à l'idée de vérité, que de tenir une opinion pour légitime, par cela seul qu'elle refuse de s'incliner devant les opinions contraires ?

A une époque d'individualisme succéda, dnas le dernier tiers du XIXe siècle, une réaction en faveur de l'unité, de la soumission des intelligences et des consciences à la vérité impersonnelle. Alors se présenta, comme l'expression par excellence de cette vérité, la science, dont la marche progressive et triomphante avait, plus que tout autre phénomène intellectuel, imposé aux esprits le respect et la soumission. En elle, et en elle seule, parut résider la condition nécessaire et suffisante de la certitude, de la cohérence mentale. de l'accord entre les intelligences et les cœurs. Nul doute que la proposition $2+2=4$ ne soit également admise par tous les hommes. Le jour où, en toute matière, l'humanité serait en possession de vérités pareilles à celle-là, la certitude individuelle ferait place, infailliblement, à une certitude commune, identique chez tous.

Cette thèse semblait défier la contradiction : l'évènement, pourtant, ne la confirma pas. Déjà, dans le domaine scientifique, et jusque dans les mathématiques, il n'est pas prouvé que le sentiment soit entièrement refoulé par ce qu'on appelle la vérité objective. Mais, dans l'ordre pratique, principalement, l'appel à la science ne suffit pas à mettre les hommes d'accord. Ce n'est pas seulement entre savants et ignorants, c'est entre savants cultivant la même science, élevés sur les mêmes bancs, pratiquant les mêmes méthodes, que l'entente, journellement, apparaît impossible, dès qu'il s'agit de questions morales, sociales, religieuses. Et, finalement, les hommes de science se retranchent, comme les autres, dans leur conviction, dans une certitude personnelle, qui a une autre source que l'évidence scientifique. Il est impossible de soutenir que l'âge actuel, si souvent appelé l'âge de la science, soit caractérisé par une harmonie parfaite et universelle des esprits et des volontés.

Force nous est donc de reconnaître que vérité et certitude sont moins étroitement liés qu'il ne semble au premier abord. Chercher obstinément la certitude n'est pas toujours un bon moyen d'atteindre à la vérité. Le besoin de certitude est impatient, et il tend à un état d'âme absolu, inébranlable, ressenti comme personnel, même comme méritoire. Mais la vérité est, le plus souvent, très difficile à saisir. Elle ne peut être conquise que peu à peu, partiellement, provisoirement. En sorte qu'à vouloir, quand même, la certitude, on se condamne souvent à tenir pour connu et démontré ce qui, en réalité ne l'est pas. Réciproquement, celui qui cherche, avant tout, la vérité, dont le caractère est de subsister par soi, et de s'imposer également à toutes les intelligences, est amené à refouler ses impressions et ses désirs individuels, et à se contenter d'une adhésion en quelque sorte abstraite et impersonnelle, toujours imparfaite et toujours modifiable, portant sur des objets très éloignés de ceux qui intéressent notre vie d'hommes ; et une telle adhésion ne ressemble guère à ce que nous appelons conviction et certitude.

Ce sont donc, en réalité deux choses, et non pas une seule sous deux aspects, que la vérité et la certitude. Et la tâche s'impose au philosophe de rechercher en quoi consiste cette dualité, si elle est radicale et irréductible, ou si ces deux termes, en dépit de leurs différences, sont, en quelque manière, solidaires l'un de l'autre, et capables de s'unir harmoniuesement.

II

Une solution du problème qui paraît résulter du travail critique auquel s'est livré l'esprit humain dans les temps modernes est le dualisme, dont Kant a donné une formule remarquablement claire et profonde. Selon cette manière de voir, certitude et vérité sont deux choses radicalement distinctes. Elles relèvent de deux facultés qui, dans l'homme, se meuvent dans deux mondes différents : l'intelligence et la volonté.

L'intelligence se rapporte au monde des phénomènes, aux objets qui nous sont donnés dans l'espace ou dans le temps. De ces objets elle détermine les relations constantes et universelles. Elle obtient ainsi un ensemble de propositions qui expriment le fonds permanent des choses données, et qui, par là même, s'imposent, sans contestation possible, à toutes les intelligences. Cet ensemble de propositions répond à ce que les hommes entendent par vérité.

Mais le monde dont cette vérité est l'essence n'épuise pas le réel et le possible. S'il donne à l'intelligence humaine un objet proportionné à sa puissance, il ne contente pas notre volonté, dont l'ambition est de réaliser un ordre de choses d'un caractère moral, c'est-à-dire fondé sur le devoir et sur la liberté. Le monde de l'intelligence, qui implique des lois toutes mécaniques, géométriquement nécessaires, exclut le genre d'êtres que réclame la volonté. Celle-ci tournera donc ses regards vers un autre monde ; ou plutôt, comme elle ne trouve pas en soi la faculté de voir un monde suprasensible, elle tirera d'elle-même, sinon des intuitions, du moins des certitudes, touchant un monde qui n'est pas, mais qui doit être, qui mérite d'être, et qui sera, si la volonté elle-même est assez convaincue, assez énergique pour le réaliser. Dans cette création, point de vérité donnée, précédant et déterminant la certitude. Celle-ci est première, comme la volonté, dont elle est la forme parfaite. Elle est la cause du devoir, de la liberté, de Dieu, de l'ordre moral. Je veux, dit Kant, la liberté, donc je veux le devoir, l'existence de Dieu, l'immortalité. Peu m'importe que le monde des sens ne laisse à ces objets aucune place. Ma volonté ouvre ou crée pour moi un monde tout autre, que mes sens ne peuvent connaître, mais dont ils ne peuvent contester la réalité.

Ainsi paraît justifiée la juxtaposition, sans pénétration réciproque, de la certitude et de la vérité.

Système clair et commode, auquel, dans la pratique, on fait appel plus souvent qu'on ne pense ; mais qui présente, à y regarder de près, de graves difficultés.

Certes, il serait absurde de contester le caractère hautement moral de lá philosophie de Kant. L'auteur de la *Critique de la Raison pratique* et de la *Métaphysique des Mœurs* enseigne très solidement le respect de la personne humaine et la subordination de l'instinct à la raison. Mais, en somme, comme l'a montré le Maître de Balliol, Edward Caird, Kant n'a pas tenu le dualisme pour le dernier mot de la philosophie. Toute séparation était, pour lui, le prélude d'une réunion, qu'il se réservait d'opérer en pénétrant plus avant dans la nature des choses.

Toutefois les recherches dont la *Kritik der Urteilskraft* (Critique du jugement) est le type sont abstruses ; et l'on s'en tient plus volontiers aux formules initiales et dualistes du système.

Or la notion du devoir comme impératif catégorique purement formel, c'est-à-dire vide de tout contenu, dépourvu de toute matière, est d'une application singulièrement dangereuse. Dans la vie réelle on ne peut se contenter d'un vouloir purement formel : il faut nécessairement vouloir quelque chose, il faut insérer quelque matière dans ce moule vide. Mais l'impératif catégorique demeure muet quand on l'interroge sur ce qu'il commande. On est donc amené à chercher, non plus dans le monde de la volonté, mais dans l'autre, la matière indispensable à la réalisation d'un acte réel. Cependant, les deux mondes, le physique et le moral, sont, dans le monde visible, le seul que nous puissions connaître, par hypothèse, entièrement hétérogènes et indifférents l'un à l'autre. On aboutit, dès lors, à la conclusion suivante : n'importe quel acte, pourvu qu'il soit accompli sous l'idée du devoir, peut revêtir un caractère moral. Nulle moralité ou immoralité ne saurait être attribuée à un acte considéré de son côté visible ; seule la forme de volonté dont nous l'affublons le rend louable ou condamnable moralement.

Soit, par exemple, une action que la morale vulgaire taxe de cruauté, telle que le massacre, à la guerre, des enfants, des femmes et des vieillards. Si cette cruauté est purement animale, elle est indifférente. Si elle est indisciplinée, elle est coupable, en tant que violation de la discipline. Et si elle a été ordonnée par l'autorité légitime, si c'est une cruauté disciplinée, *eine zuchtmässige Grausamkeit*, c'est un acte juste et méritoire. Le philosophe lui-même, le moraliste le plus sévère prononcera qu'il en est ainsi, parce qu'en morale c'est la certitude seule qui fait la vérité, et que la certitude, ici, a pour objet unique la forme de l'action, à l'exclusion de sa matière.

Telle est, en ce qui concerne la certitude, la conséquence funeste d'une séparation radicale de la certitude et de la vérité. La notion de vérité n'est pas moins gravement atteinte. Comme tous les modes d'existence qui se rapportent à la volonté sont, ici, éliminés du monde de la vérité objective, le monde visible où nous vivons, la nature, au sens ordinaire du mot, apparaît comme entièrement étrangère à la morale. La forme morale n'est plus qu'un vêtement de luxe, qui, à l'occasion, s'y superpose du dehors. Comme le monde de l'intelligence et des lois naturelles, dans cette doctrine dualiste, se suffit et est impénétrable au monde de la volonté, il serait absurde de demander à l'homme, en tant qu'il fait partie du monde visible, de pratiquer autre chose que l'obéissance aux lois qui gouvernent ce monde. On est, dès lors, amené à faire deux parts de la vie humaine. D'un côté, c'est une vie morale, qui est indifférente aux impulsions de la nature, ou, plutôt, qui les érige arbitrairement en actes moraux, sans considérer leur caractère intrinsèque. De l'autre, c'est une existence toute physique, à laquelle nulle qualification morale ne saurait être appliquée, et qui n'est pas moins légitime que la première. Si donc il arrive qu'un homme manque de la grâce nécessaire pour pénétrer dans le monde transcendant de la certitude et de l'impératif catégorique, il n'est plus qu'une brute, sans volonté, sans devoir et sans dignité, instrument inerte et irresponsable des forces mécaniques. Et, comme l'effort moral ne peut guère être, en fait, qu'intermittent, l'homme se trouve condamné, en passant alternativement de l'empire du devoir dans celui de la nature, à osciller entre l'obéissance systématique à une loi toute formelle et le déchaînement sans frein de ses appétits et de ses instincts les plus grossiers. Fanatisme ou débridement de la nature : telle est l'alternative.

Ainsi la séparation radicale de la certitude et de la vérité est inadmissible. L'une et l'autre s'en trouve mutilée, et incapable de se réaliser suivant son essence. Le dualisme, d'ailleurs, froisse la tendance naturelle de l'esprit vers l'unité. En Allemagne, notamment, la recherche d'un point de vue d'où l'on puisse obtenir une conception synthétique de l'ensemble des choses est considérée, généralement, comme la marque même de l'esprit philosophique. C'est pourquoi, dans ce pays, nombreuses furent les tentatives de réduire à l'unité ces deux principes, que l'on ne peut disjoindre sans les compromettre l'un et l'autre.

Le mode de réduction le plus rigoureux consiste à ramener l'un des deux termes à l'autre : la certitude à la vérité, ou la vérité à la certitude ; c'est-à-dire, la volonté à l'intelligence, ou l'intelligence à la volonté.

L'évolution de la philosophie allemande, de Kant à Nietzsche, représente, d'une façon remarquable, ce double effort de réduction.

La philosophie de Hegel est, peut-être, le point culminant de la pensée, développée dans le premier de ces deux sens, le sens intellectualiste. Le concept de vérité et de rationalité y est élargi, comme à l'infini, au moyen d'une logique transcendante, de manière à pouvoir embrasser et absorber tout le réel et tout le possible. L'individuel, le libre, le contingent, le hasard même, n'y sont pas niés, mais sont considérés comme des instruments, qui disparaissent et retombent au néant lorsqu'ils ont une fois rempli leur rôle dans la réalisation de l'absolu.

La science, dans ce système, est la forme éminente de tout ce qui est. Non seulement tout relève de la science, mais elle-même est, au fond, l'être premier et le principe des choses. Et ainsi, posséder la science, c'est, en quelque sorte, tenir, dans l'univers, la place de Dieu même.

On retrouve, si je ne me trompe, quelque chose de cette conception de la vérité et de la science dans l'idée que représente l'Académie des Sciences de Berlin. Elle s'appelle Académie des Sciences : *Akademie der Wissenschaften*, et elle se flatte d'embrasser dans leur essence les lettres et les arts aussi bien que les sciences proprement dites, la vie et l'action, aussi bien que la spéculation et la théorie : Hors de la science, rien de solide. Une institution telle que l'Académie française, par exemple, dont l'office est de travailler à la conservation et au perfectionnement de la langue, en se bornant à discerner, avec tact, le bon usage, l'usage des honnêtes gens, ne saurait avoir, à ses yeux, aucune valeur : seul l'avis des spécialistes peut faire loi, et il fait nécessairement loi. La distinction capitale que nous établissons entre : Sciences et Lettres, esprit de géométrie et esprit de finesse, est, ici, ramenée à une simple différence spécifique. Le genre science, *Wissenschaft*, est subdivisé en deux espèces : les sciences de la nature, ou sciences physiques et mathématiques, et les sciences de la culture, ou sciences philosophiques et historiques.

Que penser d'une telle réduction de la volonté à l'intelligence ?

Certes, tout, en un sens, peut être objet de science. L'esprit humain s'ingénie, précisément, à inventer des méthodes qui lui permettent de soumettre à l'investigation scientifique les objets mêmes qui, par leur nature, semblent s'y soustraire invinciblement. Mais une science jalouse, avant tout, de voir les choses telles qu'elles sont, et non telles qu'elle souhaite de se les représenter, doit se modeler sur la réalité, et non imposer à celle-ci ses propres règles. A s'ériger en modèle unique et nécessaire de tout ce qui est, à décréter que ses formules d'intelligibilité sont les principes mêmes de l'être, qu'entre le rationnel scientifique et le réel il n'y a aucune différence, et que c'est le premier qui est la mesure du second, la science se met, d'avance, dans l'impossibilité de saisir et d'expliquer fidèlement les parties ou aspects de la réalité qui ne rentreraient pas dans ses cadres.

Or, parmi les notions qui jouent un rôle dans notre vie d'hommes, se trouvent celles d'individualité, de libre arbitre, d'action réelle et efficace. Nous concevons les évènements humains comme liés, certes, les uns aux autres et comme dépendant de l'ensemble des phénomènes naturels, mais, en même temps, comme susceptibles de manifester des pensées, des efforts, des initiatives personnelles, et comme capables, à ce titre, d'une certaine valeur et d'une certaine influence. De cet élément du réel, le système intellectualiste ne laisse rien subsister. Il n'y voit qu'un phénomène brut, qu'il s'agit proprement d'expliquer ; et sa méthode d'explication consiste à prouver que ce phénomène est une pure illusion. La science, tant celle de la culture que celle de la nature, réduit, dans ce système, l'individuel en universel, le contingent en nécessaire. L'individuel ne peut être, à ses yeux, qu'une apparence sans réalité. Le degré de rationalité, de perfection, de réalité d'un être est en raison inverse de la part d'individuel qu'il contient ou semble contenir.

L'être véritable, ainsi mutilé par la science, pourrait dire à celle-ci ce que le Faust de Gœthe dit à l'Esprit de la Terre :

Du gleichst dem Geist, den du begreifst,
Nicht mir !

« Tu égales l'esprit que tu comprends ; mais moi, tu ne m'égales pas. »

Et cependant la science, pour tenter d'embrasser l'être dans sa totalité, s'est, chez un Hegel, élargie et diversifiée de toutes ses forces. Cet élargissement même est, pour elle, une cause de faiblesse. En vain se travaille-t-elle pour maintenir, à titre égal, deux types de science: le type mathématico-physique et le type historique. Cette distinction est toute naturelle lorsque la science ne prétend pas voir les choses telles qu'elles sont en soi, décline toute prétention à les régenter. La science est, alors, comme une langue familière dans laquelle on traduit un texte écrit en une langue étrangère. Si l'on rencontre des difficultés, on s'efforce d'assouplir sa propre langue, de manière à modeler la traduction sur le texte ; on ne modifie pas le texte, afin de le rendre plus aisé à traduire. Mais si la science est considérée comme une entité absolue dont les lois s'imposent à la réalité, il en est tout autrement. Ne relevant que d'elle-même, elle vise uniquement à se donner la forme la plus logique, la plus cohérente possible. Or, l'idée fondamentale de la science, c'est la réduction de l'hétérogène à l'homogène, de l'autre au même. Que si l'on compare entre eux, à ce point de vue, le type mathématico-physique de la connaissance scientifique et le type historique, on ne pourra manquer de trouver le second beaucoup plus imparfait que le premier, bien moins conforme à l'idéal scientifique. L'histoire considère des faits qui jamais ne se reproduisent sans modification, des ἅπαξ γιγνόμενα et tout au plus réussit-elle à établir, entre ces faits, quelques relations particulières de causalité, sans pouvoir prétendre à trouver ces relations générales qu'on appelle lois. Il suit de là qu'au point de vue d'une science absolue la forme historique de la science ne peut être considérée que comme provisoire, et que, seules, les sciences physico-mathématiques sont susceptibles de perfection. Les sciences historiques ne sauraient donc prétendre à conserver indéfiniment leurs caractères distinctifs : elles doivent, tôt ou tard, rentrer dans les sciences physiques.

Qu'est-ce à dire, sinon que la part de réalité que garantissait au monde moral l'irréductibilité supposée de l'histoire à la physique s'évanouit dans une philosophie qui développe jusqu'au bout la doctrine de la science comme entité première et absolue. L'histoire comme science radicalement distincte, c'était l'affirmation de la réalité de l'esprit, au moins comme finalité, comme progrès possible vers l'idéal. La réductibilité de l'histoire à la physique, c'est la finalité déclarée illusoire, c'est la matière, avec son déterminisme purement mécanique, proclamée la seule réalité véritable qui existe dans l'univers.

Tel est le dernier mot de la philosophie qui se donne comme tâche de ramener la certitude à la vérité, la volonté à l'intelligence, la morale à la science, le subjectif à l'objectif. Elle aboutit à l'anéantissement pur et simple de tout ce qui gravite autour de ces notions : individualité, liberté, personnalité, esprit, conscience, âme, beauté, moralité : elle ne laisse subsister qu'un monde rigoureusement matériel.

Déjà Platon nous avertissait, dans son dialogue *Le Philèbe*, de l'impossibilité de nous contenter des principes de la physique pour expliquer convenablement le monde réel. « Il ne suffit pas, dit-il, pour comprendre notre univers, d'y voir de l'infini et du fini, c'est-à-dire de la matière et du nombre : il faut, en outre, y reconnaître l'existence d'une cause qui préside à son arrangement. Et cette cause doit être intelligente et sage, donc vivante et douée d'une âme. C'est pourquoi tu affirmeras avec confiance que, dans la nature de Jupiter, en tant que cause, réside une âme royale. »

En d'autres termes, la vérité, pour posséder l'excellence qu'avec raison nous lui attribuons, ne doit pas être conçue comme une chose, comme une réalité purement objective, où viendrait se perdre toute vie et toute conscience. Le subjectif, lui aussi, est principe. La vérité veut être saisie, comprise, affirmée par un esprit vivant, qui s'efforce de régler son action sur celle de l'être premier lui-même. Connaître, c'est s'unir, de cœur et de pensée, au créateur.

Il est donc vain de chercher à surmonter le dualisme de l'intelligence et de la volonté en ramenant la volonté à l'intelligence. Mais peut-être réussirait-on mieux à lever l'antinomie en tentant une réduction de la vérité à la certitude, de l'intelligence à la volonté. Cette voie, elle aussi, a été suivie par d'éminents philosophes, en particulier par des philosophes allemands. Tel Fichte, pour qui la volonté est la racine, non seulement du moi, mais du non-moi, non seulement de l'effort, mais de la perception. Tel Schopenhauer, qui voit dans le monde comme représentation une illusion et une entrave, dont le monde comme volonté, qui en est le principe, tend à s'affranchir. Tel Nietzsche, qui cherche, dans une volonté toute-puissante et supérieure à toute loi, la forme idéale de l'existence.

Cette doctrine peut être entendue en un sens large, la volonté étant mise en relief parce qu'elle est l'élément le plus intime, le plus caractéristique de notre vie consciente. C'est alors, d'une manière générale, l'activité intérieure, *die Innerlichkeit*, comme disent les philosophes allemands, qui est conçue comme possédant seule en propre la valeur et l'efficace. D'elle seule découlent, selon cette philosophie, et la certitude et l'être, et la vérité même. L'objectif n'existe pas en soi : il est la forme dont l'intelligence revêt le subjectif, pour se construire un miroir où son activité se réfléchisse sur elle-même, de manière à exister, non seulement en soi, mais pour soi. Il se réduit à un système de symboles, qui, pour acquérir leur signification véritable, doivent être repensés par une intelligence vivante, et retraduits, par elle, en vie, en action, en volonté. La certitude est, en ce sens, la mère de la vérité. Celle-ci n'est autre chose que la formule intellectuelle de la résolution qu'a prise la volonté de s'affirmer absolument elle-même.

Doctrine profonde, certes, et propre à maintenir, constamment tendu, le ressort de la volonté. La vérité, chez un Fichte, n'est pas un fruit, pendant à l'arbre de la science, tout prêt à être cueilli. Il nous faut, en quelque sorte, la créer en nous par un effort personnel. Ce n'est qu'en voulant que nous pouvons penser, et la règle même de nos pensées est un acte de volonté. *Im Anfang war die Tat.*

Que vaut cette doctrine ?

A vrai dire, elle ne fait pas profession de mépriser les idées fixes et déterminées par où l'intelligence cherche à comprendre le côté objectif, uniforme et stable de l'univers. Fichte lui-même écrivait: *Die Formel ist die grösste Wohltat für den Menschen :* « La formule est, pour l'homme, le plus grand des bienfaits ». Mais toute expression déterminée est, dans ce système, un simple stade, que l'esprit s'efforce de dépasser, pour tendre à considérer la vérité, immédiatement, dans sa source profonde et toujours jaillissante. La vérité n'est proprement elle-même qu'au sein de la volonté libre où elle se crée. Lorsque le Méphistophélès de Gœthe, proposant un pacte à Faust, lui demande un engagement écrit et signé, celui-ci répond :

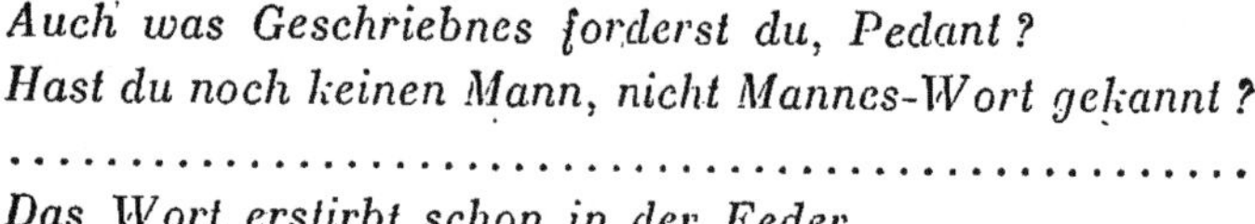
Auch was Geschriebnes forderst du, Pedant ?
Hast du noch keinen Mann, nicht Mannes-Wort gekannt ?
. . . .
Das Wort erstirbt schon in der Feder.

« Quoi, tu réclames, pédant, quelque chose d'écrit ? N'as-tu donc jamais eu affaire à un homme, à une parole d'homme !... La parole expire dès qu'elle passe dans la plume ». Cette thèse de Faust n'est que l'application de la doctrine de l'intériorité. L'expression visible, tangible, définie, de l'acte volontaire y est conçue comme n'ayant de valeur qu'aux yeux des pédants et des gens sans foi. Un esprit supérieur dédaigne et déchire les engagements écrits qu'il a lui-même signés : il entend que sa parole suffise.

Prétention, certes, très haute ! Pascal l'eût jugée trop haute pour un homme, car il est, disait-il, dangereux pour les hommes de vouloir faire les anges : ils risquent de tomber au-dessous de l'humanité. La formule écrite est claire, durable, fixe, susceptible d'être entendue semblablement par tout le monde. Mais la décision intime de la volonté a beau être très énergique, très sincère, très claire même. au regard du sujet qui l'a prise : elle ne pourrait présenter ces mêmes caractères aux yeux des autres que si les hommes étaient capables de communiquer entre eux directement, d'esprit à esprit. Cette communication mystique étant, dans notre monde, irréalisable, les hommes à qui l'on interdit de prendre au sérieux les engagements écrits sont incapables de mesurer la signification et la valeur de la parole qui leur est donnée. L'engagement que prend un homme qui refuse de se lier équivaut, dans la pratique, au mépris de tout engagement.

On alléguera, il est vrai, la valeur suprême de la sincérité. Mais il y a deux manières d'être sincère. L'homme qui parle et agit conformément à son caprice, à sa passion, à sa volonté arbitraire, se dit, se croit sincère, mais ne l'est pas effectivement ,parce qu'il a négligé de se demander si cette volonté superficielle était conforme à la loi universelle qui, dans le for de sa conscience, s'impose à lui. Il n'y a pas de sincérité effective sans un effort pour se mettre d'accord avec son meilleur moi, avec celui qui s'incline devant la vérité.

La doctrine de l'intériorité comme principe unique de la

pensée et de l'action a beau se travailler et s'élargir par les raisonnements les plus subtils : elle ne peut parvenir à s'assimiler la vérité. Celle-ci possède une détermination, une fixité, un caractère fini et achevé, une existence propre, qui ne peuvent se rencontrer, ni dans les symboles par lesquels l'intelligence essaie de se représenter l'action de la volonté, ni dans cette volonté elle-même.

La vérité que cette doctrine nous offre n'est donc pas celle que les hommes adorent. Cette volonté infiniment reculée et intérieure, qui en serait, à ce qu'on nous dit, la source, est quelque chose d'aussi obscur que profond. C'est un je ne sais quoi d'essentiellement mystérieux, indéfinissable, inconnaissable. Entre cette volonté et les formules par lesquelles nous tentons de nous la représenter, point de commune mesure. En quoi pourrait bien consister la ressemblance d'un portrait dont l'original n'aurait ni forme, ni couleur ?

Dès lors, dans la pratique, la manière dont se traduira la vie intérieure de l'esprit est indifférente. Les œuvres ne sont rien, la foi est tout. Une maxime est bonne et vraie si elle est embrassée avec conviction, si la volonté y reconnaît sa propre tendance. Toutes les règles du vrai, du bon et du beau que la raison classique s'est appliquée à établir sont vaines. Ces règles, selon la philosophie de l'intériorité, ne sont autre chose que la substitution de la lettre à l'esprit, de l'inertie à la liberté, de la mort à la vie. Seule, la création originale, puisant son principe dans la volonté absolue, est féconde et belle. Toutes les œuvres originales et exemptes de modèle, si étranges soient-elles, sont vraies et dignes d'être imposées à l'admiration des hommes ; mais toute œuvre à la production de laquelle a contribué l'observation d'une règle est, par là même, sans vie et sans profondeur.

Ainsi se trouve mutilé, diminué, avili, le concept de vérité, dans la doctrine qui ramène l'intelligence à la volonté, en faisant, de la première, le principe des formes fixes et objectives, et, de la seconde, le principe de la vie intérieure.

Mais il y a lieu de se demander si cette doctrine est bien un terme, où l'effort de réduction du philosophe puisse s'arrêter.

En réalité, la volonté, dans ce système, n'est pas conçue d'une façon stricte. Elle est opposée à l'intelligence, conçue comme la forme de l'ordre statique et immobile ; mais elle enferme en elle, confusément, une certaine tendance ou loi de développement, qui la détermine à se mouvoir et à s'objectiver d'une certaine manière. La volonté de Fichte est grosse d'une logique transcendentale et d'un progrès rythmé, qui lui donneront un corps. Et c'est de ce mélange mal défini de volonté et d'intelligence que résulte l'étrange propriété, inhérente à la liberté fichtéenne, de se réaliser et de se développer nécessairement d'une certaine manière. Mais la réduction de l'intellectuel au volontaire n'est opérée qu'incomplètement si la volonté que l'on prend pour principe est encore, en quelque manière, intelligence. Le goût naturel de l'homme pour la clarté et pour la simplicité, la tendance qu'ont généralement les doctrines à dégager, de plus en plus nettement, leur principe original, ont amené la philosophie de l'intériorité à prendre une forme plus simple et plus nette, que Fichte lui-même, à vrai dire, n'eût point admise.

La volonté, dans la doctrine de l'intériorité, porte en elle une loi de développement qui, d'elle, fait naître l'intelligence, et qui, en fait, est encore quelque chose d'intellectuel. Une volonté pure doit être exempte de cet élément étranger. Elle ne doit, rigoureusement, vouloir qu'elle-même, elle doit s'ériger, elle seule, en être absolu et suprême, et elle doit concevoir tous les autres êtres comme des instruments de son activité propre. Or, ainsi émancipée et libre de devenir, le plus largement possible, ce qu'elle est virtuellement, elle ne peut se donner qu'un objet : la puissance. Le vrai système volontariste, c'est celui qui ramène et l'intelligence et la volonté dite morale à la volonté tournée toute vers elle-même, c'est-à-dire vers la force, et vers la force pure et simple.

C'est ici le dernier mot du système qui identifie la vérité

avec la certitude. Contre cette doctrine il n'y a plus d'argument qui porte. Une certitude qui n'admet d'autre mesure de la valeur que la force est, par définition, hors des atteintes de la raison. Elle pourrait prendre pour devise le célèbre vers de La Fontaine :

« La raison du plus fort est toujours la meilleure ».

Comment réfuter un homme qui déclare : « Je ne crois qu'à la force et je suis le plus fort » ?

Mais en vain cet homme tenterait-il, une fois parvenu à ce point de vue, de restituer un sens quelconque au mot de vérité. En vain se représenterait-il la force comme devant, d'elle-même, engendrer non seulement un ordre physique, mais un ordre moral : la paix, l'organisation, la production, la civilisation. Tout ce développement est d'avance impuissant à réaliser l'idée de vérité, parce qu'il n'est, en définitive, que la multiplication de la force, et qu'entre force et vérité il y a une différence de nature. La vérité est vraie, même si elle en est méconnue, bafouée, prostituée. Le droit qu'elle porte en elle demeure, même s'il n'a pas en mains la force nécessaire pour se faire respecter. Loin de supposer la force et de ne pouvoir subsister que par elle, la culture qui a pour objet le vrai et le beau se dresse en face de la force, et ne consent à lui faire une place dans son domaine que dans la mesure où la force s'est apprivoisée et pliée à servir le droit.

Si donc la doctrine de la force défie la réfutation, c'est qu'elle a tout détruit sur son passage. Que reste-t-il de ce que le monde appelle civilisation, mœurs, bonté, humanité, quand une fois l'homme s'est livré tout entier aux forces élémentaires, qui détruisent indifféremment les feuilles mortes et les vies humaines, les pierres informes et les monuments les plus sacrés de l'histoire et de l'art ?

Que vaut, dès lors, cette certitude, toute ramassée sur

elle-même, et qui se croit irréductible parce qu'invinciblement elle ne croit qu'à la force ? Elle se réduit, en somme, à un insondable orgueil ; c'est comme un défi jeté à la raison et à la vérité. Il est impossible que l'homme se renonce au point d'abdiquer devant la force, si énorme soit-elle.

III

En résumé, ni la séparation de la certitude et de la vérité, ni la réduction de l'une à l'autre, ne paraissent admissibles. Qu'est-ce à dire ? Ce problème serait-il de ceux que l'on résout plus facilement en les ignorant qu'en les étudiant ?

Peut-être ne nous resterait-il d'autre issue que de nous avouer vaincus dans notre effort pour comprendre, et de nous en remettre, pour trancher la question, au bon sens qui préside à la pratique, si nous avions tenté toutes les voies qui s'offrent à nous. Mais en est-il ainsi ?

C'est principalement en consultant la philosophie allemande que nous avons, jusqu'ici, traité notre sujet. Or cette philosophie, chez ses principaux représentants, chez Kant comme chez Hegel, chez Fichte comme chez Nietzsche, offre un trait fort remarquable, qui la différencie de la plupart des autres. Elle élimine le sentiment, ou, du moins, elle le réduit à un rôle subordonné. Ce que Kant intercale entre l'entendement et la volonté, sous le nom de jugement (*Urteilskraft*), c'est encore un système de catégories, un appareil intellectuel. Sans doute, Fichte tient la philosophie de Rousseau pour belle et salutaire, mais à condition que l'on assigne à la volonté le rôle que celui-ci donnait au sentiment. Nietzsche fait profession de mépriser la sensibilité, la pitié, l'humanité, qui, selon lui, énervent la volonté. Qu'arriverait-il, quant au problème qui nous occupe, si, à l'exemple du commun des hommes, et conformément aux traditions classiques, nous faisions au sentiment une place, aux côtés de la volonté et de l'intelligence, dans la production de la certitude et dans l'appréciation de la vérité ?

Une doctrine fort répandue en ce moment, et soutenue par d'éminents penseurs, notamment par des philosophes anglais et américains, nous paraît chercher dans le sentiment le principe commun de la certitude et de la vérité. C'est la doctrine dite Pragmatisme. Selon cette philosophie, la raison ultime qui nous fait tenir une maxime pour vraie, c'est que cette maxime, si elle est mise en pratique, nous donne satisfaction, suscite des évènements qui nous agréent, qui remplissent notre attente.

La satisfaction éprouvée est, nous disent les pragmatistes, le principe de la certitude, parce qu'elle nous donne confiance en la maxime que nous avons mise à l'épreuve. C'est ainsi que les bons offices d'un homme nous induisent à avoir foi en lui, nous rendent certain qu'il est notre ami. Cette satisfaction est, en même temps, le principe de la vérité elle-même ; car, si l'on cherche ce qu'il y a de commun à toutes les propositions, de genres si divers, que nous qualifions de vraies, on ne trouve autre chose, sinon la propriété de tenir la promesse qu'elles enveloppent, et de procurer un contentement à notre esprit. Les vérités physiques sont des vérités, parce qu'en les prenant pour guides dans nos rapports avec le monde extérieur nous nous trouvons en accord avec ce monde. Les vérités mathématiques sont des vérités, parce qu'en les démontrant nous avons le sentiment d'un déploiement harmonieux et libre de notre intelligence.

Cette théorie a un grand mérite. Elle se place d'emblée dans le monde des réalités. Il faut avouer que l'intelligence, à elle seule, n'atteint qu'à des abstractions. Et la volonté, prise à part, n'est qu'une force sans loi, affirmant sa résolution de s'imposer. Le sentiment, c'est le réel lui-même, tel qu'il se présente d'abord, tel qu'il est donné avant toute élaboration artificielle. Aussi la philosophie qui cherche dans le sentiment le principe de la certitude et de la vérité a-t-elle pu prendre le nom de *Radical Empiricism*, empirisme radical.

Et, puisque le sentiment est, en quelque sorte, le réel même, il ne peut y avoir que profit à étudier la certitude et la vérité au point de vue du sentiment. On parviendra ainsi à y réintégrer l'âme et la vie, que l'intellectualisme ou le volontarisme allemands s'évertuent à en éliminer.

Ce système, toutefois, résout trop sommairement la difficulté. Qu'est-ce, au juste, que ce sentiment de satisfaction, qui, selon les pragmatistes, doit être le principe unique des notions de vérité et de certitude ?

Pris en lui-même, le sentiment n'est qu'un fait, incontestable, certes, au point de vue empirique, et plus certainement réel que tous les systèmes des philosophes, mais, pourtant, impuissant à fonder, en droit, la certitude et la vérité.

Si je cherche à définir avec précision le genre de satisfaction qu'il convient d'ériger en principe fondamental, je fais éclater le système. En effet, si je dis : Est vraie toute proposition qui ne trompe pas notre attente, n'est-ce pas comme si je disais : Est vraie toute proposition qui énonce fidèlement une loi de la nature, qui est conforme à la vérité, telle que la conçoit notre entendement ? Et si je dis : Je me déclare certain lorsque la satisfaction que j'éprouve réside dans la partie la plus haute de mon être, ne supposé-je pas l'intervention d'une volonté, qui choisit une certaine forme d'existence, et qui est satisfaite quand elle atteint son but ?

Imprécision ou cercle vicieux, le pragmatisme a grand peine à éviter ce double écueil.

Il faut reconnaître que la volonté et l'intelligence sont bien, elles-mêmes, des principes, qu'elles doivent être considérées comme subsistant par soi, et non comme de simples modifications du sentiment. L'intelligence cherche la vérité comme quelque chose qui est, et qui n'est que s'il possède un caractère d'éternité. La volonté, elle, n'est point quelque chose de donné : c'est une puissance qui ne se réalise qu'en créant, et qui, si elle cessait d'agir, cesserait également d'être. La volonté et l'intelligence sont, en ce sens, des principes premiers et irréductibles, radicalement distincts l'un de l'autre.

Et pourtant, chacune de ces deux facultés, pour se développer convenablement, a besoin de l'autre. La certitude, où tend la volonté, ne sera qu'obstination et fanatisme si elle n'est déterminée par la possession de la vérité. Et la vérité objet de l'intelligence ne serait qu'une chose sans vie et sans intérêt, un fait brut, une nécessité aveugle et morne, si elle n'était l'action, la vie d'une volonté excellente. Dieu, dit Aristote, est vie éternelle, ζωὴ ἀΐδιος.

Mais comment ces deux principes hétérogènes pourront-ils participer l'un de l'autre ? A mesure que la volonté se laisse déterminer par l'intelligence, n'abdique-t-elle pas la liberté qui est son essence ? Et à mesure que l'intelligence, pour faire à la volonté sa place, accepte l'idée d'une vie créée, ne se trahit-elle pas elle-même ? Intelligence et volonté pourraient, à ce compte, se redire l'une à l'autre le joli vers d'Ovide :

Nec sine te nec tecum vivere possum

Cette antinomie est-elle insoluble ? Elle s'évanouira, ce semble, si, au lieu de ne reconnaître d'autres réalités primordiales que l'intelligence et la volonté, on admet également, et au même titre, la réalité et le rôle du sentiment.

Seules en face l'une de l'autre, intelligence et volonté ne peuvent tenter de se mêler et de se pénétrer, sans se diminuer et se mutiler l'une l'autre. Certes, la force et la science savent s'unir ; mais que reste-t-il de la volonté dans la force brute, et comment réduire au mécanisme scientifique la vie de l'intelligence. Or, si l'on admet que l'intelligence et la volonté se relient l'une à l'autre par l'intermédiaire du sentiment, on conçoit qu'elles puissent s'enrichir et se développer par leurs rapports mutuels sans être infidèles à leurs principes respectifs. Le sentiment transforme les idées abstraites en mobiles et en intérêts, et ceux-ci influent sur la volonté sans en compromettre le caractère personnel et vivant. Et le sentiment, en donnant un corps et une essence communicable aux déterminations internes de la volonté, fournit à l'intelligence, sans la contrarier, les points d'appui et les fins qui lui sont nécessaires pour éviter le dilettantisme et la sophistique.

Et ainsi, la vie, l'âme, le sentiment étant intercalés, comme un principe original et premier, entre la certitude et la vérité, celles-ci se rejoignent sans se combattre. La vérité suscite dans la volonté la certitude, parce que, loin d'être séparée de la volonté, elle reçoit d'elle, par l'intermédiaire du sentiment, la vie et l'orientation, sans lesquelles elle ne serait qu'un chaos de possibilités abstraites. Et la certitude est autre chose que le fanatisme et l'aveuglement d'une volonté orgueilleuse, parce qu'elle ne repose pas sur elle-même, mais trouve, dans la vérité traduite en sentiment, la matière appropriée dont elle a besoin pour se réaliser dans toute son ampleur.

Volonté et intelligence, à elles seules, seraient incapables d'agir l'une sur l'autre. Mais chacune des deux agit sur le sentiment, et en reçoit l'influence ; donc, à travers le sentiment, elles communiquent. Toute certitude effective, dès lors, participe de la vérité, et toute vérité concrète participe de la certitude.

Il est intéressant de considérer la signification de cette doctrine au regard, soit des sciences, soit de la vie pratique.

Volontiers on se représente les sciences comme des expressions, de moins en moins inadéquates, d'une vérité qui est là, hors de nous, toute faite, immuable, et qu'il ne s'agit que de découvrir, comme on déterre un trésor caché. Et, vue du dehors, la science paraît répondre à cette définition. Elle commence par accumuler des faits, c'est-à-dire des données conçues comme purement objectives ; puis elle s'applique à réduire ces faits en formules mathématiques, c'est-à-dire en quantités exactement transformables les unes dans les autres. Et la mathématique, à son tour, paraît se résoudre dans la logique, c'est-à-dire dans l'art de faire produire à une proposition donnée toutes les conséquences qu'elle comporte.

Il faut reconnaître que tel est bien l'aspect de la science qui se considère comme faite, et qui se transmet d'intelligence à intelligence, par l'enseignement. Mais, chez les génies qui la créent, la science met en jeu d'autres principes. Les faits proprement scientifiques ne sont ni ne peuvent être donnés, au sens précis du mot. Il faut que le savant les construise, en combinant ingénieusement des intuitions, qui, en réalité, ne peuvent jamais être pures de tout mélange conceptuel, avec des principes de choix et d'élaboration, que l'esprit doit chercher en lui-même. Le savant s'efforce à saisir le travail créateur de la nature ; par conséquent il cherche s'il y a, dans la nature, de la pensée, de la vie, de la création.

Réussit-il jamais complètement à ramener les données de l'expérience à des quantités, les phénomènes de la nature à des éléments mathématiques ? Cela reste douteux. Mais, cette réduction fût-elle possible, il y aurait lieu de se demander si les mathématiques elles-mêmes ont bien pour objet une chose inerte, qu'il suffise d'analyser pour la connaître. Le géomètre qui fait vraiment avancer la science s'inspire, en fait, de sentiments esthétiques en même temps que de considérations logiques. Il cherche à traduire en formules des harmonies vivantes, qui jaillissent du fond de son âme : la vérité que voit son intelligence est, en même temps, une certitude, qu'embrasse librement sa volonté.

Enfin la logique elle-même, à laquelle certains philosophes voudraient ramener les mathématiques, repose sur des postulats dont on ne peut s'expliquer les termes et la formation qu'en les rapportant à l'action d'une volonté qui affirme son existence, et qui la maintient à travers toutes les oppositions qu'elle rencontre.

Ainsi la forme propre de la science, certes, est aussi rigoureusement intellectuelle que possible ; mais la vérité que la science cherche à connaître n'est pas exclusivement scientifique. Cette vérité est l'être même, et l'observation de la manière dont se fait la science montre que l'être est, à la fois, réalité donnée et puissance vivante de création. La science constate et formule le résultat de la création universelle, en tant que ce résultat présente un certain caractère de fixité, d'uniformité, d'unité.

La vie pratique, de son côté, n'est pas moins éclairée que la philosophie de la science par une juste appréciation des rapports de la certitude et de la vérité. Ni l'idée du devoir, ni celle d'une valeur inhérente aux œuvres qui en sont la matière, ne peuvent être abandonnées. Mais il faut qu'entre ces deux termes une relation puisse être conçue. Il faut que ma conviction porte sur une vérité, et il faut que la vérité qui m'est proposée me touche et convienne à ma volonté.

Or, ces conditions sont réalisables si la volonté et l'intelligence sont reliées entre elles par le sentiment, et si ces trois puissances forment comme une trinité, où le tout est à la fois un et multiple, chacun étant, en même temps, et lui-même et les autres. Et la morale peut, sans danger de fanatisme, exalter de plus en plus le rôle de la volonté, de la conviction, de l'idée de devoir, dans la conduite humaine. La volonté n'est plus un despote égoïste et brutal, si son action peut et doit se doubler de sentiment et d'intelligence. La philosophie justifie, à cet égard, le sens commun, suivant lequel il est absurde, pour réaliser l'idéal humain, de fouler aux pieds l'humanité.

La doctrine à laquelle nous avons été conduit a, en particulier, cet avantage, de fournir un fondement solide à une vertu que l'on célèbre à l'envi, mais que l'on ne parvient guère à justifier philosophiquement : la tolérance. Si la morale était une science, au même titre que la physique, comment pourrait-elle admettre la tolérance ? Tolérerions-nous que l'on niât la loi de la chute des corps ? Et si la morale était exclusivement affaire de conviction personnelle, comment pourrait-on exiger d'un homme qui est absolument convaincu qu'il respecte les convictions opposées à la sienne ? Prétendrait-on donc l'obliger à nier le principe de cette contradiction ?

Mais si toute certitude profonde, étant jointe à un sentiment et à une idée, tient, par là même, en quelque mesure, au réel et à la vérité, et si toute vérité, notamment toute vérité pratique, a pour caractère de s'offrir à l'adhésion de la volonté par l'attrait du sentiment, il est visiblement injuste et inefficace de traiter de malhonnête homme et de persécuter quiconque pense autrement que nous. D'abord, il n'est pas vraisemblable que dans sa conviction il n'y ait pas quelque part de vérité. Ensuite, la méthode à suivre pour convaincre un contradicteur doit nécessairement tenir compte de la puissance originale qui relie la volonté à l'intelligence, c'est-à-dire du sentiment. Le cœur a son rôle, comme l'intelligence et la volonté, dans toute éducation, morale ou intellectuelle, qui veut pénétrer l'homme, et non se borner à l'affubler d'un certain costume. Si les hommes considèrent que le cœur, et non pas seulement la volonté ou l'intelligence, est une partie essentielle et très noble de notre nature, ils ne se contenteront pas de se tolérer, ils chercheront sincèrement à s'unir et à collaborer pour réaliser, le plus largement et le plus hautement possible, l'œuvre qui leur est propre, l'œuvre humaine. Et, en demeurant hommes, ils ne trahiront pas la cause de l'idéal.

Ὡς χαρίεν ἔσθ' ἄνθρωπος, ὅταν ἄνθρωπος ᾖ.[1]

« Quelle chose aimable que l'homme, quand il est vraiment homme ! »

---

(1) Ménandre.

SCIENCE ET CULTURE

Conférence faite, le 21 octobre 1913, à l'Université de Princeton (États-Unis), à l'occasion de l'inauguration du Graduate College (1).

(1) Editions de la *Revue Politique et Littéraire* (Revue Bleue) et de la *Revue Scientifique*.

SCIENCE ET CULTURE

Science et culture : peu de mots sont aujourd'hui plus fréquemment répétés ; et il en est peu qui, de toutes parts, donnent lieu à autant de controverses et de disputes. La culture, au sens précis du mot, suit-elle naturellement du progrès de la science ; ou bien a-t-elle ses conditions propres, ses lois, son progrès, sa décadence, dans un domaine distinct du domaine précisément scientifique ? Bien plus, la science telle qu'avec le temps elle est devenue, par l'importance croissante qu'elle donne à la spécialisation et à la technique, loin de favoriser la culture, au sens classique du mot, ne tendrait-elle pas à y substituer un dressage mécanique, qui en est la négation ? Ces questions préoccupent aujourd'hui tous les esprits qui réfléchissent ; et il paraît particulièrement opportun de les étudier ici, dans ce collège, qui a pour but d'être, à la fois, un laboratoire précisément scientifique, et un séminaire de haute culture.

I

Ne nous étonnons pas si ce problème s'impose à nous : il ne date pas d'hier. A maintes reprises déjà, l'humanité, au cours de son histoire, a traversé des crises analogues à celle qui sévit en ce moment.

Déjà ce fut un conflit de ce genre qu'annonça, chez les anciens Grecs, l'apparition de la Sophistique. De hardis chercheurs jetaient alors les bases d'une science de la nature, construite, non plus, comme les anciennes cosmogonies, au point de vue de l'homme, de ses croyances et de ses désirs, mais au point de vue de la nature elle-même. On les appelait physiologues. Ils cherchaient si l'être, pris en soi, est un ou multiple, changeant ou immuable, formé d'éléments visibles, ou de nombres, ou d'atomes, ou de particules infiniment petites qualitativement distinctes ; si l'action d'une nécessité toute mécanique suffit à expliquer l'ordre et la merveilleuse diversité des phénomènes, etc. Et ils déroulaient, dans de magnifiques systèmes, l'histoire du vaste monde, sa genèse, son cours et ses destinées.

Que devenait l'homme, cependant, au sein d'un tel univers ? Ses vertus, ses pensées, ses arts, ses institutions, sa vie conservaient-ils quelque réalité, quelque valeur ?

Socrate, couronnant par une doctrine positive l'œuvre critique et négative des sophistes, non seulement protesta contre une science qui ignorait ou absorbait l'homme, mais mit au premier rang des devoirs humains la connaissance et la culture de soi-même. Puis, Platon et Aristote ayant trouvé le moyen de faire, de la vertu humaine elle-même, le point de départ de toute science et de toute sagesse, la contradiction dénoncée par les sophistes se résolut en une harmonie, résultant de la subordination de la science de la nature à la culture idéale.

Une seconde crise se produisit à la fin du Moyen-Age, alors que la scolastique semblait avoir établi pour l'éternité une science adéquate des choses divines et humaines, en face de laquelle l'homme, en tant qu'homme, ne pouvait prétendre à un autre rôle qu'à une obéissance et une soumission totale et absolue.

Cette fois encore, l'homme protesta. On sait avec quelle éloquence le Faust de Gœthe exprime cette protestation :

Was man nicht weiss, das eben brauchte man,
Und was man weiss, kann man nicht brauchen.

« Ce qu'on ignore, c'est précisément ce dont on aurait besoin ; et ce qu'on sait, on n'en a que faire. »

Weh! Steck'ich in dem Kerker noch?

. . . .

Flieh! Auf! Hinaus in's weite Land!

« Quoi, je suis encore enfermé dans cette geôle? ... Debout! Fuyons! Lançons-nous dans les vastes espaces! »

Les écrits d'un Rabelais, d'un Montaigne, ne sont autre chose qu'une perpétuelle revendication des droits de la culture et de la vie, en face de la tyrannie de la science abstraite. « Science sans conscience, dit Rabelais, n'est que ruine de l'âme ». Et Montaigne : « Science sans jugement est ruine de l'esprit. »

Enfin, avec Descartes, le principe de la culture triompha, de telle manière, d'ailleurs, qu'il maintenait et fortifiait, du même coup, les droits de la science elle-même. Car Descartes fit consister là culture humaine, essentiellement, dans la culture de la raison, laquelle, estime-t-il, trouve sa satisfaction, et dans la science, et dans les vérités morales qui assurent la dignité de l'homme et le dirigent vers Dieu. Le traité intitulé : *Regulæ ad directionem ingenii* s'ouvre par cette phrase : *Studiorum finis esse debet ingenii directio ad solida et vera, de iis omnibus quæ occurrunt, proferenda judicia.* La logique scolastique était l'art de raisonner : la logique cartésienne fut l'art de penser.

Bientôt, cependant, les sciences et l'intellectualisme dominèrent dans les esprits, au point de tendre à étouffer le sentiment et la spontanéité. Ce fut ce qu'on appela le siècle des lumières, dont le chef-d'œuvre est l'*Encyclopédie*. Alors se produisit une nouvelle crise, dont le héraut fut Rousseau. Avec une fougue et un enthousiasme dont le monde subit encore l'influence, il opposa aux œuvres, selon lui, la corruptrices de l'intelligence séparée de l'âme et de la vie, la vertu et le bonheur qui naissent d'une confiance naïve dans les pures suggestions du cœur et de la nature. Non qu'il se soit arrêté à l'idée de proscrire les sciences et l'intelligence. Il ne tarda pas à reconnaître qu'une fois allumé, le flambeau de la science ne peut plus s'éteindre. Si donc il condamne les sciences en tant que maîtresses, il les admet en tant que servantes. Les sciences et l'intelligence ont leur rôle salutaire et nécessaire dans la culture de l'homme, pourvu qu'elles se laissent diriger par le cœur, rendu à sa droiture primitive.

C'est ainsi qu'à maintes reprises, au cours de l'évolution humaine, le génie de la culture s'est dressé en face de celui de la science, qui menaçait de prendre l'homme tout entier ; et il a triomphé des prétentions de son rival, tout en assurant à la science, mise à sa juste place, un légitime développement.

Nous subissons, en ce moment, une nouvelle crise. De nouveau, la science proclame : « A moi la réalité tout entière, à moi tout l'homme ! » Et, de nouveau, l'homme s'étonne, et demande : Est-il donc définitivement prouvé que ma personnalité n'est qu'une apparence ; que je ne suis, en réalité, qu'une chose, semblable aux autres ; et que, tout comme la culture animale ou végétale, la culture humaine doit se réduire à une application passive des lois fatales posées par les sciences théoriques ? Le principe de la culture, jusqu'ici, a triomphé des assauts qu'il a subis. Y a-t-il chance qu'il en soit de même, cette fois encore ?

II

Il pourrait paraître suffisant, pour résoudre la question, de faire appel à cette loi de rythme et d'alternance qui, d'une manière générale, régit les manifestations de la vie. L'humanité semble marcher à la manière d'un homme ivre, tantôt évitant la chute du côté gauche en se portant avec exagération du côté droit, tantôt se rejetant, d'une manière non moins excessive, de la droite vers la gauche, et ainsi de suite indéfiniment. Science, culture ; culture, science, seraient ainsi comme les deux extrémités contraires des oscillations d'un pendule. Et la prétention même de la science actuelle à l'hégémonie universelle ne serait que le prélude d'une revanche prochaine de la culture.

Cette manière *a priori* de résoudre le problème est trop simple. Rien ne prouve que l'humanité doive éternellement se répéter ; et il se peut fort bien qu'à un certain moment de son histoire le mouvement d'oscillation fasse place à un progrès définitif dans l'un des deux sens, à l'exclusion de l'autre.

La science, peut-on dire, a, de nos jours surtout, acquis des caractères nouveaux ; et il est illégitime de juger de ses destinées dans l'avenir d'après ses vicissitudes dans un passé définitivement mort. Les choses humaines comportent, non seulement alternance, mais évolution ; et toute évolution véritable est irréversible.

La physique des Héraclite, des Empédocle et des Anaxagore a pu aisément s'incliner devant une philosophie de la culture, parce qu'elle-même était, en quelque mesure, art, en même temps que science. L'objet des recherches d'un Héraclite, c'est, de son aveu même, une harmonie invisible, plus belle que l'harmonie visible : ἁρμονίη ἀφανὴς φανερῆς κρείττων.

La scolastique du Moyen-Age, fondée sur l'autorité, ne pouvait tenir devant une critique impitoyablement résolue à soumettre toutes les croyances au contrôle de la raison et de la nature.

Et, si étendu que fût, au XVIIIe siècle, le domaine de la science et de la systématisation intellectuelle, il était loin d'embrasser, en fait, toutes les parties de la réalité. Pour soumettre à ses lois, non seulement la nature physique, mais la vie et l'âme humaine, la science manquait d'instruments, de méthodes appropriées. C'est pourquoi le sentiment, redressant la tête, put, sans peine, la tenir en échec, et bientôt, victorieux, se déployer sans frein dans l'art et la littérature romantiques.

Les conditions ne sont plus aujourd'hui les mêmes ; et il y a réellement lieu de se demander si la prétention, maintes fois renouvelée, de la science, de gouverner, à elle seule, non seulement la connaissance, mais la vie humaine tout entière, n'est pas à la veille de triompher définitivement. L'évolution générale de l'humanité pourrait, en ce sens, se formuler ainsi : de l'homme aux choses, du sentiment à la raison, de l'art à la science.

La science d'aujourd'hui, nous explique-t-on, a conscience de posséder la certitude. Elle repose sur les faits et la logique; et l'histoire de la pensée humaine, ainsi que la critique de nos connaissances, a démontré que là, et là seulement, se trouve la garantie de cet accord entre les esprits, sans quoi il n'y a pas de certitude véritable.

Ce n'est pas tout. Revendiquant désormais tous les objets dont la connaissance peut s'acquérir par l'expérience et la logique, la science a le droit de dire, non seulement qu'elle possède la certitude, mais qu'elle est seule à la posséder.

Sans doute, selon le langage et l'opinion du vulgaire, il y a une certitude fondée sur le seul sentiment ; et l'énergie n'en est pas moindre que celle de la certitude scientifique.

Mais, pour la science, ce n'est là qu'un état d'âme purement subjectif, comparable au rêve ou au désir. Le nom de croyance, ou d'imagination, conviendrait mieux pour le désigner : la certitude proprement dite dépend de la vérité, loin que la vérité dépende de la certitude. Que nul, donc, ne prétende savoir, là où la science ignore. Rien, pour l'homme, n'est connaissable que ce qui peut être connu scientifiquement.

Considérons, d'ailleurs, continue le champion du scientisme, que, depuis Galilée et Descartes, le domaine entier de l'être est, peu à peu, tombé sous les prises de la science. Sans doute, celle-ci n'est satisfaite qui si elle mesure et calcule, et quantité de faits, pris en eux-mêmes, ne se laissent pas mesurer ; tels les phénomènes vitaux, et, davantage encore, les phénomènes psychiques. Mais la science a inventé la méthode du biais ou de l'équivalent. Aux phénomènes non mesurables en eux-mêmes elle substitue des phénomènes directement mesurables, liés aux premiers suivant une loi précise. C'est ainsi qu'on mesure la chaleur, non en elle-même, mais par la hauteur d'une colonne de mercure. Grâce à la généralisation de cette méthode, il n'est pas de phénomène qui, théoriquement, ne ressortisse à l'investigation scientifique ; et Berthelot a pu dire, au point de vue du droit, sinon du fait : « La nature, pour nous, n'a plus de mystère ».

Donc, non seulement il n'y a de certitude que dans la science, mais la juridiction de la science s'étend à tout. Comment, dès lors, pourrait-il y avoir une culture en dehors d'elle ?

On alléguera l'irréductibilité du sentiment, l'opposition que nous constatons chaque jour entre l'intelligence et le cœur, entre la science et la vie. Mais le célèbre philosophe anglais Leslie Stephen a donné, de ce fait, une explication qui ruine l'argument. « *The imagination*, dit-il, *lags behind the reason.* » L'imagination, le sentiment, la volonté ne suivent la raison que de loin, et, en quelque sorte, malgré eux. Ce sont des forces d'inertie. Peu à peu, toutefois, le mobile cède à l'action du moteur ; car celui-ci est tangible et, invinciblement, croît sans cesse en puissance, tandis que le sentiment, malgré sa répugnance, est modifiable, et, avec le temps, s'émousse ou se transforme. La goutte d'eau qui coule sans relâche finit par user le rocher.

Cette solution du conflit est, évidemment, celle que doit souhaiter un homme raisonnable, et celle qu'il doit travailler à réaliser.

En fait, d'ailleurs, ajoute le scientiste, la science, à mesure qu'elle se rend mieux compte de sa nature et de sa puissance, devient plus capable de suffire à l'éducation et à la culture.

D'abord, elle enseigne, mieux que personne, le culte de la vérité. Et quoi de plus noble, de plus sûr, de plus juste, que de se consacrer à cette sublime religion ? Chercher la vérité, ce n'est pas seulement réaliser en soi, dans sa pureté, la vertu intellectuelle : c'est par le sacrifice de ses préférences individuelles, par la subordination des intérêts visibles à un intérêt idéal, par l'amitié que le chercheur forme naturellement avec ceux qui poursuivent la solution des mêmes problèmes, par la joie que l'on éprouve à posséder un bien solide autant que sublime, développer en soi, de la façon la plus certaine, la vertu morale elle-même. De l'aveu général, l'étude et la recherche scientifiques ne sont pas simplement une acquisition de connaissances, un enrichissement extérieur de l'esprit : c'est, à la lettre, une culture, et c'est, en définitive, la culture nécessaire et suffisante. Il n'est pas, en effet, de faculté essentielle de l'âme humaine que la science ne développe et ne dirige excellemment. Et, quant aux côtés de notre nature qui, pour se développer, exigeraient le refoulement de l'influence scientifique, ils doivent être tenus, non pour des caractères permanents de l'homme, mais pour des survivances d'un état dépassé, dont il s'agit, précisément, d'abolir les traces.

Telle apparaît, aujourd'hui, chez certains de ses représentants, l'ambition de la science. Si cette prétention est fondée, l'antique conflit de la science et de la culture est enfin terminé. La science a définitivement vaincu ; et nulle revanche de la culture n'est, désormais, susceptible d'aboutir. La science est, elle-même, la théorie et la pratique, la vérité et l'action, l'abstrait et le concret, la connaissance et la vie.

III

Avant de se demander si cette conception est vraie ou

fausse, peut-être serait-il intéressant de la réaliser en pensée, et d'essayer de se représenter ce que deviendrait la vie humaine, si elle était effectivement régie, dans toutes ses parties, par la science, et par elle seule. Autre chose est, en effet, chanter un hosanna en l'honneur de la science, autre chose voir distinctement toutes les conséquences que doit engendrer sa souveraineté exclusive. Et si ces conséquences apparaissent énormes et paradoxales, il ne s'ensuivra nullement, à coup sûr, que le principe soit faux, car la vérité n'a pas mission de nous être agréable, mais ce sera une raison de plus pour n'accepter le principe qu'après l'avoir examiné de près.

Auguste Comte aimait à répéter que livrer la vie humaine aux purs savants, ce serait briser tous les liens moraux et sociaux qui, actuellement, existent entre les hommes, pour répartir l'humanité en groupes de spécialistes, étrangers, ou même ennemis, les uns à l'égard des autres. La science ne connaît d'autres rapports sociaux que ceux qui résultent de la division du travail. Une coordination tout externe remplacerait, dès lors, cette communauté de sentiment, de pensée et d'existence, qui caractérise nos sociétés, nées de la famille, et dominées par l'idée et le sentiment de l'humanité. Et, s'échauffant dans la dispute, le fondateur du positivisme invectivait avec une passion croissante contre la vanité professionnelle, l'esprit exclusif, l'incompréhension mutuelle, le défaut de sens pratique, qu'il attribuait aux savants. Il en voulait surtout aux mathématiciens ; et il les rendait responsables de tous les maux qui affligeaient la société, particulièrement de la Révolution frnaçaise, abomination de la désolation.

Auguste Comte a abusé des anathèmes, et les savants l'en ont puni, en insinuant que son cerveau ne s'était sans doute jamais complètement remis du dérangement qu'à deux reprises il avait subi.

Sans partager les fureurs d'Auguste Comte, on peut bien

remarquer que les découvertes scientifiques supposent, en effet, de plus en plus, une extrême spécialisation ; que, conformément à cette exigence, le système des Instituts multiples, distincts et autonomes, jouit, dans nos universités, d'une faveur croissante ; et que, dans nos sociétés, avides de progrès précisément scientifiques, les certificats d'études élémentaires sont, de plus en plus, les seuls à conserver un caractère général. N'est-on pas, dès lors, en droit de supposer que, gouvernés par la science toute seule, les hommes, dans l'ensemble du monde social, seraient comparables à des ouvriers d'usine, enfermés chacun dans la tâche spéciale qui lui est assignée ?

Mais, dira-t-on, l'homme lui-même ne demeure-t-il pas avec son sens de la sociabilité, avec son attachement aux traditions de son pays et de sa race, avec ses aspirations idéales, que ne peut contenter le rôle de rouage dans un mécanisme ? Ne sont-ce pas là des réalités données, qu'une science loyalement expérimentale ne peut manquer de reconnaître et de respecter ?

Ces réalités, remarquons-le, tirent leur signification morale et sociale des éléments subjectifs qu'elles renferment. Mais la science a précisément pour fonction d'éliminer le subjectif, de le résoudre en objectif. Elle ne saurait donc attribuer la moindre valeur à nos idées esthétiques, morales, religieuses, telles qu'elles apparaissent dans nos consciences. Si, actuellement, elle ne voit pas le moyen de les résoudre, jusqu'au bout, en éléments objectifs, elle tient, du moins, cette résolution pour possible ; et l'attachement de l'homme à ces idoles, que lui-même a créées, ne peut être, à ses yeux, que superstition, routine, erreur. En somme, la tâche que la science se donne, et qu'elle s'attribue le droit et le devoir de considérer comme réalisable, c'est de dissoudre et de réduire en infiniment petits d'énergie purement physique tout ce qui fait l'essence de l'homme. Sa manière d'expliquer l'homme, c'est de la supprimer. Quand l'homme mangea le fruit de l'arbre de science, il signa, bien réellement, son arrêt de mort. Si, quelque jour, la science réalise ses ambitions, l'homme, privé de tout ce qui lui donne une raison de vivre, ou disparaîtra, ou se transformera, au point de ne plus répondre en rien à ce que nous appelons homme. Limite idéale, sans doute, qui, pratiquement, ne semble pas pouvoir être atteinte. Mais, si la science doit être notre seul guide, c'est bien vers ce terme que nous marchons ; et nous devons mesurer les progrès de l'humanité à la proportion dans laquelle elle se déshumanise.

Quel que soit le sentiment que nous inspire une telle destinée, nous n'avons qu'à y acquiescer de bonne grâce, si nous sommes raisonnables. Car, indociles, nous n'en serons pas moins forcés de la subir ; et nous serons, à la fois, vaincus et coupables.

. . . . . ἢν δὲ μὴ θέλω,
κακὸς γενόμενος, οὐδὲν ἧττον ἕψομαι,

pourrait-on dire, en reprenant les paroles du stoïcien Cléanthe.

Quelle dignité conserverait l'homme, s'il mettait son orgueil au-dessus de la vérité ?

Mais est-ce bien la vérité ?

La science est-elle, en effet, destinée à absorber l'homme tout entier, et à le réduire en poussière d'atome ?

Cette hypothèse résulte d'une méprise qui, déjà, était dénoncée par Descartes. Elle suppose que l'on confond la science faite avec la science qui se fait, ou plutôt la science considérée comme chose en soi avec la science vivante et réelle. Si la science était une chose en soi, toute faite de toute éternité, si l'homme n'avait qu'à la découvrir comme on découvre un trésor caché dans la terre, il serait vrai que l'homme n'existe effectivement que sous la forme scientifique, c'est-à-dire qu'il n'existe pas en tant qu'homme. Mais cette prétendue science en soi n'est qu'un être de raison, imaginé par les métaphysiciens de l'absolu ou par les professeurs, naturellement enclins au dogmatisme. La seule science qui existe, c'est la science qui se fait, la science à l'état de devenir ; et celle-ci n'est pas, en réalité, une découverte, mais plutôt une invention. S'il est un résultat qui ressorte de l'examen approfondi auquel, de nos jours surtout, a été soumise la genèse de la science, c'est la part essentielle et constante de l'originale activité de l'esprit dans la formation et l'élaboration des concepts scientifiques, comme dans la réduction des phénomènes à ces concepts.

J'appliquerais volontiers à la science entière la théorie que j'ai vu soutenir par mon maître M. Michel Bréal à propos du langage. A l'encontre de ceux qui prétendent expliquer les phénomènes du langage par des lois purement mécaniques, immanentes au langage lui-même, à savoir par de simples connexions invariables des phénomènes linguistiques élémentaires, Michel Bréal soutient que l'esprit, avec les fins et l'activité qui lui sont propres, avec ses facultés d'essai, de tâtonnement, de choix, d'adaptation intelligente, d'arrangement esthétique, de perfectionnement, est le véritable créateur et modificateur du langage. *Mens agitat molem.* Sans doute, on peut, tant bien que mal, réduire en système mécanique et fixe une langue donnée, de manière à en enseigner plus aisément la constitution à des élèves chez qui la mémoire est plus habile que le jugement. Mais la méthode de l'enseignement n'est pas celle de la création. Le développement réel du langage n'est intelligible que si l'on fait appel à l'esprit vivant, comme à un facteur essentiel. Νοῦς ἂν εἴη τῶν ἀρχῶν (1). Elle est donc, plus que jamais, confirmée, la fière affirmation de Descartes : *Scientiæ omnes nihil aliud sunt quam humana sapientia* [sive *bona mens*], *quæ semper una et eadem manet, quantumvis differentibus subjectis applicata.*

S'il en est ainsi, la science elle-même, ce langage par

(1) Aristote, *Annal post.*, s. f.

excellence, nous reporte à cet esprit vivant, à ce principe subjectif, qu'elle est censée dissoudre et éliminer sans merci. Non seulement elle est née de la pensée, mais elle ne conserve sa vérité et sa puissance de perfectionnement qu'en demeurant substantiellement unie à cette activité spirituelle. Séparez les mots de l'esprit qui s'y exprime, disait Platon, et demandez-leur ensuite ce qu'ils veulent dire : ils resteront solennellement muets : σεμνῶς πάνυ σιγᾷ, La science ne peut non plus se passer de l'esprit que les couleurs produites par la réflexion de la lumière ne peuvent subsister sans le soleil.

Mais si la science, loin d'absorber l'esprit et de le réduire au mécanisme qu'elle construit, dépend, en fait, éternellement, de lui, comme de l'arbre les feuilles et les fleurs, il importe à la science elle-même que l'esprit reçoive la culture qui lui convient, celle qui assurera le mieux sa santé, sa vigueur, sa fécondité, sa justesse. La science, celle qui vit et progresse, suppose, dans l'homme, une culture appropriée.

Cette culture, toutefois, nous suffit-elle ?

La faculté scientifique n'est pas la seule qui nous soit essentielle. Nous rencontrons également en nous d'autres facultés maîtresses, telles que les facultés pratique, artistique, religieuse,

Si notre esprit est, bien réellement, en lui-même, un être, un principe, une puissance irréductible et originale, pourquoi ne développerions-nous pas toutes les parties de son essence ? La science, qui suppose l'esprit et qui vit de sa vie, est, elle-même, intéressée à une culture qui fera l'esprit le plus riche possible et le plus harmonieux.

Aujourd'hui donc, comme à l'époque de la Renaissance ou au temps des sophistes et de Socrate, il demeure vrai que l'homme ne doit pas s'abîmer dans la science, même la plus vaste et la mieux établie, mais qu'il a le droit et le devoir de cultiver en lui l'humanité comme telle, d'être véritablement homme, au sens le plus large et le plus spécifique du mot.

IV

Comment doit être entendue et pratiquée, aujourd'hui même, cette culture de l'homme en tant qu'homme, qui, en dépit de tous les changements survenus dans nos sociétés, et, en particulier, en dépit des progrès inouïs de la science, demeure la condition de tous les progrès, et le but suprême où doivent tendre tous nos efforts ?

Rien n'est plus juste que l'affirmation, sans cesse reproduite parmi nous, de la valeur éducative des sciences, pourvu que la nature et le rôle de la science soient correctement compris. La science véritable n'est pas un système de compartiments, construit une fois pour toutes, où doivent venir se ranger, de gré ou de force, tous les objets qui se rencontrent dans la nature. La science est l'esprit humain lui-même, s'efforçant de comprendre les choses, et, pour y parvenir dans la mesure du possible, se travaillant, s'assouplissant, s'élargissant, se diversifiant, de manière à dépasser, dans sa vision, les aspects superficiels et uniformes des êtres, pour pénétrer, en quelque mesure, leur infinie et subtile individualité.

C'est pourquoi la science vraiment éducatrice, ce n'est pas celle qui se donne pour faite, achevée et infaillible dans sa simplicité et son uniformité logique : c'est celle qui travaille, qui cherche, qui tâtonne, qui se critique elle-même, se corrige, se sent éternellement provisoire, et se traite elle-même comme telle ; ce n'est pas la science fixée en vue de l'enseignement et des examens : c'est la science vivante, en train de se créer dans les laboratoires.

La première se fait aisément agréer des professeurs et des élèves, dont elle flatte la paresse : elle favorise le dogmatisme, la routine, l'apriorisme, la prétention de juger de toutes choses d'après des principes exacts et absolus. L'homme qui s'est ainsi laissé modeler par ses études scientifiques, voit avec impatience la complexité et les obscurités des choses réelles, le ressort secret de vie et d'activité qui les rend rebelles à une systématisation définitive. Il se plaît à traiter les qualités comme des quantités, les réalités comme des abstractions, et à croire qu'un problème est résolu parce que, éliminant tout ce qui ne se laisse pas ramener à des concepts exacts et clairs, on a déduit de quelques principes, plausibles en eux-mêmes, des conséquences logiquement correctes.

La science vivante, au contraire, celle qui se soumet à la réalité au lieu de s'imposer à elle, apprend à l'esprit à s'affranchir continuellement de cette tyrannie de l'habitude, qui n'est autre chose que l'abdication de l'esprit devant la loi d'inertie propre à la matière. Cherchant à proportionner les moyens de connaître à la complexité et à la nature spéciale des objets eux-mêmes, elle fait appel à l'esprit de finesse, aussi bien qu'à l'esprit de géométrie. Elle ne forme pas seulement la faculté d'observation externe et de déduction logique, mais elle aiguise le jugement, qui discerne la convenance des méthodes avec les problèmes, la signification et la valeur des résultats.

Certes, nous devons rejeter cette doctrine romantique, suivant laquelle les sciences, à moins d'être régentées par les lettres, ne sauraient enseigner aux esprits que le culte de la matière, du chiffre et de la force. Mais reconnaissons, d'autre part, que, pour que les sciences remplissent, dans l'éducation de l'esprit, le rôle essentiel qui leur revient, il faut qu'elles soient enseignées, non suivant la méthode dogmatique du professeur qui n'est que professeur, mais, autant que possible, suivant la méthode heuristique pratiquée par le savant lui-même.

D'autre part, puisque l'objet de la culture est le développement de l'homme en tant qu'homme, il est évident que l'étude des lettres en fait partie, au même titre que l'étude des sciences. Car, si les sciences nous montrent l'esprit humain s'efforçant à prendre possession des choses, les lettres sont la vie même de l'homme, réfléchie dans sa conscience, et exprimée dans le langage le plus propre, non seulement à l'analyser avec pénétration, mais à l'exalter, à l'embellir, à l'ennoblir, par le charme ou la noblesse de la peinture même.

Pour que l'étude des lettres remplisse sa fonction éducative, il faut que les lettres ne soient pas considérées comme une simple branche de la connaissance scientifique. Sans doute, l'érudition, qui est voisine des sciences naturelles, joue nécessairement un rôle dans les études littéraires. Mais elle est aux lettres ce que la technique est à l'art. Elle nous met en possession des éléments et des instruments, elle ne rend pas compte de l'opération interne qui, de ces données monnayées et banales, fait une œuvre personnelle et vivante. Plus on retrouve chez les auteurs qu'avait lus Pascal, chez Montaigne , par exemple, les idées et jusqu'aux expressions qui forment la matière des immortelles « Pensées », plus on démontre l'incommensurabilité qui existe entre la matière et la forme, puisque l'œuvre de Pascal, en fait, diffère radicalement de celle de Montaigne. « Les mêmes pensées, a dit Pascal lui-même, poussent quelquefois tout autrement dans un autre que dans leur auteur. » Malgré les progrès merveilleux qu'accomplissent chaque jour l'érudition et l'étude objective des phénomènes littéraires, les lettres demeurent essentiellement distinctes des sciences ; et c'est pourquoi elles ont un rôle propre à jouer dans l'éducation.

En un sens diamétralement opposé à la superstition de l'érudition, il n'est pas rare, aujourd'hui, d'entendre soutenir que, pour jouer le rôle qui leur est propre, les lettres et les arts doivent prendre une conscience précise de ce qui fait leur essence et que ce principe spécial, envisagé dans sa pureté, c'est le sentiment, entièrement isolé de l'intelligence. Cette doctrine est ce que l'on peut appeler l'esthéticisme. Elle affirme l'indépendance et la souveraineté de l'art, la suprématie de la vie et de l'intuition, conçues comme principes premiers de l'existence et de la connaissance, le caractère surnaturel et comme divin du génie, en tant que puissance infinie et indéterminée de création.

Une telle doctrine joue, certes, un rôle opportun et légitime, aux époques où l'on est porté à croire que la puissance créatrice de l'esprit est une illusion, et où les érudits essaient de nous persuader que ce que nous appelons nouveau, original, génial, ne nous paraît tel, que parce que nous en ignorons, plus ou moins, les antécédents. En exaltant sans mesure la faculté esthétique, cette doctrine la réveille et l'excite. Pour déployer les forces que l'on possède, il est parfois utile de s'attribuer des forces que l'on ne possède pas.

Il est remarquable, toutefois, que l'idée d'un art qui reposerait sur la seule intuition, sur le sentiment isolé de l'intelligence n'apparaît guère qu'au commencement ou à la fin des grandes périodes artistiques : au début, parce que, tout d'abord, la science est inégale à l'inspiration ; à l'heure de la décadence, parce que, blasés sur les beautés devenues classiques et banales, certains esprits raffinés s'appliquent à rechercher des sensations rares. L'art, aux époques de sa pleine floraison, est intellectuel et pratique, en même temps qu'esthétique : il exprime, en l'idéalisant, la vie humaine tout entière. Le Parthénon n'est pas un objet de luxe, construit pour la seule satisfaction des dilettantes. Il répond aux croyances nationales ; il possède l'harmonie, à la fois exacte et délicate, d'une tragédie grecque. Et la beauté qui en rayonne est celle de la lumière, qui, en même temps qu'elle charme, éclaire et fait vivre.

C'est que le point de départ de la théorie suivant laquelle l'art serait une activité spéciale, isolée et indépendante, est contraire à la réalité. Il n'y a pas, en notre conscience, de vie du sentiment, entièrement séparée de la pensée, il n'y a pas d'intuition vide de tout concept, de puissance de création indépendante de toute idée, de toute tradition. Si l'homme essaie de sentir et de produire en dehors de toute idée et de toute règle, il se fera, bénévolement, l'esclave du hasard et de la nécessité mécanique, et il ne produira que des œuvres bizarres ou insignifiantes. Le génie n'est pas la création pure et simple, c'est la production de choses belles, et marquées du sceau de la perfection et de l'éternité.

Une intuition sans concept est, pour 'homme, une impossibilité, ou bien c'est une donnée brute, sans valeur déterminable. Le problème n'est donc pas de savoir comment nous pourrons libérer le sentiment de toutes ses attaches intellectuelles, mais de concevoir comment l'intuition et le concept peuvent à tel point se pénétrer l'un l'autre, que, tout en étant spontanée et libre, la création se trouve être, en même temps, ordonnée, harmonieuse, conforme aux lois de l'intelligence.

L'étude des lettres ne saurait, en conséquence, avoir pour objet le développement de l'imagination prise en soi, comme puissance de création arbitraire et capricieuse. C'est, bien plutôt, la culture du goût, du jugement, du talent, de ce qui, sous sa forme la plus haute, est le génie, c'est-à-dire de cette merveilleuse faculté, dont le propre est de voir, comme intuitivement, et de produire, comme spontanément, des choses que l'analyse démontrera ensuite être parfaitement conformes à la raison et à la vérité. Les études littéraires, si elles sont bien conduites, ne font nullement abstraction du côté scientifique de la connaissance. Mais elles incorporent la science à l'imagination et au jugement, au point de la transformer, pour ainsi dire, en sentiment et en intuition.

Des considérations que nous venons de présenter il résulte que, pour être bien conduite, la culture humaine doit être à la fois scientifique et littéraire, c'est-à-dire, en somme, universelle.

En réalité, tout se tient dans la nature. Une chose isolée des autres est, par là-même, imparfaitement et inexactement comprise. Pour voir juste, il faut voir chaque chose dans son rapport avec le tout ; et, pour réaliser la forme parfaite de la nature humaine, il faut cultiver et développer harmonieusement toutes les facultés de l'homme.

Mais, s'il en est ainsi, la tâche qu'implique la culture, au sens supérieur du mot, n'est-elle pas, en réalité, chimérique ; et n'est-il pas plus pratique, au lieu de viser un objet sublime, mais inaccessible, de s'en tenir à la spécialisation et à la division du travail, qui est la méthode éprouvée de l'industrie humaine et de la nature elle-même ?

Certes, la tâche est difficile. Mais elle n'a pas cessé d'être glorieuse ; et il vaut la peine, avant de renoncer à cet idéal, de faire tout ce qui dépend de nous pour nous en rapprocher.

L'universalité, qu'il s'agit de concilier avec la spécialité, peut être entendue de plusieurs manières.

On peut la définir la possession de toutes les connaissances et de tous les talents dont est susceptible la nature humaine.

Mais il est trop clair qu'en ce sens l'universalité est une utopie, pour ne pas dire une absurdité. Un tout petit nombre d'hommes, dans le passé, sont censés avoir réuni en eux toutes les connaissances alors possédées par la nation dont ils faisaient partie. Une telle prétention, aujourd'hui, serait insensée : à disperser sur tant d'objets divers la petite somme de forces intellectuelles dont nous disposons, nous nous condamnerions à n'avoir, sur chaque chose, que des notions vagues et inutilisables.

L'universalité peut, en second lieu, être entendue dans un sens proprement logique, à savoir comme la possession des notions générales qui forment les principes des différentes sciences et des différents arts.

Mais de telles notions, prises en elles-mêmes, c'est-à-dire séparées de la considération du détail des choses, ne sont guère que des cadres vides, bons, tout au plus, à fournir de matière à des conversations banales, à des controverses abstraites et stériles.

Il est une troisième manière d'entendre l'universalité : c'est de la chercher, non dans les objets de la connaissance, ou même dans les concepts qui en traduisent les caractères communs, mais dans l'esprit même de l'homme, comme faculté vivante, débordant et les concepts et les objets même. D'une manière générale, ce qu'on appelle vie, âme, esprit, est la conciliation et la réunion, par une sorte de fusion et de transfiguration interne, de qualités qui, dans le monde spatial et matériel, sont, invinciblement, extérieures et impénétrables les unes aux autres. Comment, par exemple, réunir l'identité et le changement ? Problème insoluble dans l'ordre matériel ou logique. Mais la vie concilie ces deux termes. Le vivant demeure lui-même, tout en évoluant. Comment, dans l'ordre matériel, être à la fois jeune et vieux, vivre à la fois dans le présent, dans le passé et dans l'avenir ; habiter simultanément diverses régions de l'espace ? Le mode d'existence que l'on appelle conscience, résout ce problème, en apparence contradictoire.

L'esprit ne pourrait-il, de même, résoudre, à sa manière, le problème de la culture universelle ?

Lorsqu'un homme a longtemps et intelligemment pratiqué une science, il a acquis, non seulement un certain nombre de connaissances, mais encore une certaine disposition intellectuelle, qui ne peut être exprimée par aucune formule, mais qui n'en est pas moins réelle et efficace. Grâce à cette disposition, ce savant progresse aisément et sûrement dans la science qu'il a étudiée. Il s'est assimilé l'esprit de cette science, en sorte qu'il s'y trouve désormais chez lui.

Or, c'est une propriété de la nature humaine, que lorsque plusieurs individus ont commerce les uns avec les autres, ils ne se communiquent pas seulement, du dehors, certaines connaissances ou certaines méthodes déterminées, mais, par une sorte de contagion interne, ils influent sur l'esprit et l'âme les uns des autres.

Et cette influence des esprits les uns sur les autres est bien plus sûre et bien plus efficace, quand, en même temps que les intelligences communiquent, les cœurs sont à l'unisson. Qui sait même si cette condition n'est pas indispensable ? « Il est impossible, disait Xénophon, de rien apprendre d'un maître qu'on n'aime pas » : μηδενί μηδεμίαν εἶναι παίδευσιν παρὰ τοῦ μὴ ἀρέσκοντος.

Que faudrait-il donc, pour que des intelligences humaines pussent réaliser en elles, au sens où la chose est convenable et possible, l'universalité de culture qui est l'idéal où nous devons tendre ?

Le moyen de favoriser, de la façon la plus intime et la plus féconde, cette pénétration mutuelle des intelligences, serait de réunir sous un même toit et d'appeler à une vie commune des hommes, d'ailleurs jeunes et à l'esprit souple, adonnés à des sciences diverses, et déjà avancés dans leurs études respectives.

Si ces jeunes hommes se lient d'amitié, comme il est naturel chez des cœurs nobles et généreux, tous épris de culture supérieure, leur vie commune ne sera pas seulement un charme et une joie ; elle déterminera un élargissement insensible de leur esprit, elle donnera à chacun d'eux le sens de sciences et de modes d'activité que lui-même n'a pas le loisir de cultiver ; et, par là, elle acheminera ces jeunes hommes vers cette universalité de compréhension, d'aptitude et de sympathie, qui est l'idéal de la culture humaine.

Dans la création d'une communauté telle que le *Graduate College* de Princeton se trouve un moyen très heureusement conçu de résoudre, en ce qui concerne l'éducation de l'esprit, le grand problème déjà admirablement formulé par les sages de la Grèce :

Πῶς δέ μοι ἕν τι τά πάντ' ἔσται καί χωρίς ἕκαστον ;

« Comment faire pour que le tout soit un, et qu'en même temps chaque partie soit un tout ? »

Pour l'honneur, non seulement des États-Unis d'Amérique, mais de l'humanité, je souhaite succès et prospérité à cette judicieuse et généreuse institution.

DU RAPPORT DE LA PHILOSOPHIE AUX SCIENCES

Congrès de philosophie de Bologne, séance générale du 6 avril 1911 (1)

(1) Extrait de la *Revue de Métaphysique et de Morale*, numéro exceptionnel de juillet 1911.

DU RAPPORT DE LA PHILOSOPHIE AUX SCIENCES

I

La question que j'ai été invité à traiter devant vous : « Du rapport de la Philosophie aux Sciences » est, si je ne me trompe, particulièrement moderne, et même actuelle.

Chez les anciens Grecs elle ne se posait pas, à proprement parler. L'idée d'où l'on partait dans toute recherche sur la nature, c'est que les choses, par elles-mêmes, sont entièrement impuissantes à réaliser un ordre quelconque, et que l'esprit est l'auteur de tout ce qu'elles peuvent offrir d'arrangement et d'harmonie. Πάντα χρήματα ἦν ὁμοῦ · εἶτα ὁ νοῦς ἐλθὼν πάντα διεκόσμησε, dit Anaxagore. Dès lors, la philosophie et les sciences ne se distinguaient pas essentiellement. Ce que nous appelons la science, c'était l'esprit, se retrouvant, se reconnaissant dans les lois de la nature. La philosophie était la mère des sciences. Le rapport entre celles-ci et celle-là était, au fond, un rapport d'identité.

La renaissance des lettres et des arts dans les temps modernes ne fut pas une simple restauration des doctrines antiques. Avec les Léonard de Vinci, les François Bacon, les Galilée, les Descartes, une conception de la science s'établit, que les Grecs n'avaient pas dégagée avec cette netteté : celle d'une science de la nature pratiquement et théoriquement autonome. Les faits d'expérience et les lois qui, selon la logique universelle, se déduisent de ces faits : tel était, pour un Newton, tout l'objet de la science.

Cependant la science des phénomènes ne songeait pas à destituer l'esprit de son antique prééminence. Soit par le raisonnement, soit par une expérience spéciale, dite intérieure, l'esprit se prouvait à lui-même clairement son existence ; et le rapport entre la philosophie et les sciences qui s'établit alors, s'il ne fut plus l'identité foncière qu'avaient admise les anciens Grecs, fut un dualisme, admettant leur compatibilité, en même temps que leur radicale distinction.

Les sciences s'étaient ainsi fait, à côté de la philosophie, un domaine incontesté. Elles ne s'en contentèrent pas. Si larges et rapides que fussent, aux XVIIe et XVIIIe siècles, les progrès de la science, certaines parties de la réalité semblaient échapper à ses prises ; tels la vie, la conscience, les phénomènes sociaux. Mais déjà Galilée et Descartes avaient imaginé une certaine méthode d'étudier les choses, dont la portée ne pouvait être limitée *a priori*. Les choses se présentent à nous, disait Galilée, sous forme de sensations. Or, en les considérant comme telles, nous ne pouvons les relier les unes aux autres et les expliquer scientifiquement. Mais dans le livre de la nature elles sont écrites en lettres d'un autre alphabet, à savoir en triangles, en carrés, en cercles et en sphères. Et, lues dans cette écriture, les choses sont explicables. En ce même sens Descartes expose ce qu'on peut appeler la théorie du biais. Étant donné un objet qui, tel qu'il se présente, ne peut être réduit aux conditions de la science, il n'y a pas lieu, pour cela, de renoncer à le connaître scientifiquement : il ne s'agit que de l'envisager d'un certain biais, qui, sans nous le faire perdre de vue, se prête à l'application de la mesure scientifique. Cette méthode indirecte réussit à propos des qualités dites secondes de la matière : son, chaleur, lumière. De quel droit déclarer *a priori* que tel ou tel objet, si différent qu'il paraisse de ceux que nous réussissons à expliquer, exclut à tout jamais l'emploi de cette méthode ? De fait, la science, en la pratiquant, s'est, peu à peu, emparée de la vie, de la sensation, de la conscience, des phénomènes sociaux. Que si l'on trouve ses explications encore insuffisantes, il n'importe : elle cherchera des biais plus convenables. Pour la science, désormais, il n'est plus, en droit, de mystère dans la nature.

Cette attitude de la science change tout à fait sa situation à l'égard de la philosophie. La pensée humaine, sur laquelle celle-ci entend s'appuyer, n'est, pour la science moderne, qu'un phénomène comme les autres, une manifestation naturelle, dont il lui appartient de faire évanouir l'originalité et la réalité intrinsèque. Et quant aux problèmes que cette pensée se pose, ou ils sont solubles, et c'est à la science de les résoudre, ou ils passent la portée de la science, et nul n'a le droit d'en chercher la solution.

En présence d'une science qui affiche de telles prétentions, la philosophie ne peut plus se maintenir à la faveur d'un simple compromis dualiste. Si la science proclame le néant de la philosophie, celle-ci peut-elle encore, dans l'esprit humain, coexister avec elle ?

II

A la question ainsi posée une réponse a été donnée par Auguste Comte, qui, aujourd'hui encore, paraît à beaucoup satisfaisante. Il n'est pas nécessaire, selon cette réponse, de sortir du domaine des sciences pour découvrir l'objet réel et légitime des recherches philosophiques. Les sciences, telles que les construisent les savants de profession, se présentent à nous comme multiples et mal liées entre elles : l'office du philosophe est d'en déterminer les justes rapports, d'en faire la synthèse. La philosophie est la synthèse des sciences. Définition simple et élégante, moins claire cependant quand on essaye d'en faire une réalité que quand on se contente de la formuler dans quelque dissertation préliminaire. Déjà Auguste Comte, dans la réalisation de son dessein, a oscillé : c'est même de cette oscillation qu'est résultée la divergence de ses intreprètes touchant la signification de son œuvre. D'abord il chercha à opérer la synthèse des sciences en restant placé sur le terrain précis de la science, et il lui sembla que la constitution de la sociologie comme science directrice suffirait à procurer ce résultat. Mais bientôt il s'avisa que, pour que la sociologie ait une matière, il faut qu'il existe une société humaine, et que le genre de lois que considère la science ne saurait garantir la prédominance de l'altruisme sur l'égoïsme qu'implique une telle société : le règne de la religion de l'humanité, ou prépondérance de l'amour sur l'intelligence, est nécessaire, si l'on veut que la synthèse philosophique des sciences devienne, non seulement une possibilité, mais une réalité.

La difficulté que rencontra Auguste Comte est inhérente à la nature même des choses. Les sciences, d'elles-mêmes, cherchent, à leur manière, à s'unifier : en tant qu'elles y parviennent, la synthèse qu'elles forment n'a rien de scientifique, et ne présente aucun caractère spécifiquement philosophique. Que si, jugeant cette synthèse imparfaite, superficielle, illusoire, l'esprit cherche à en former une qui lui donne véritablement satisfaction, cette nouvelle synthèse, effectivement philosophique, n'est plus, au regard de la science, qu'une imagination mystique et arbitraire.

La philosophie comme synthèse des sciences, ou devient exclusivement scientifique, et, dès lors, ne comporte plus le nom de philosophie, ou demeure philosophique, et, dans ce cas, est antiscientifique.

Mais la philosophie ne peut-elle être, elle-même, sinon la science des sciences, du moins une science, analogue et coordonnée aux autres sciences ? Ne comporte-t-elle pas la même évolution que la mathématique, l'astronomie, la physique, la physiologie, lesquelles, d'abord mélangées de métaphysique, peu à peu ont éliminé cet élément étranger, pour devenir des sciences, au sens rigoureux du mot ?

L'idée de traiter véritablement la philosophie comme science positive a été, de nos jours, brillamment mise en œuvre par de nombreux esprits. Mais le résultat de leurs recherches semble avoir été la décomposition pure et simple de la philosophie en une multiplicité de sciences distinctes, dont chacune est plus ou moins autonome. C'est le caractère de la science positive d'aller des faits aux principes, et non des principes aux faits. Or, envisagés à ce point de vue, les objets des différentes parties de la philosophie, psychologie, logique, éthique, esthétique, sont apparus profondément distincts : en sorte que le mot de philosophie scientifique n'est plus guère qu'une étiquette, désignant des sciences presque aussi hétérogènes entre elles que la minéralogie et la botanique. En réalité, la philosophie disparaît comme unité : elle fait place à une collection de sciences, dites philosophiques. La philosophie n'est plus représentée légitimement dans le langage par un substantif, mais par un adjectif.

Nul doute que ces recherches spéciales ne soient très légitimes et nécessaires, et n'aient été très fructueuses. Mais à ces sciences, particulières dans leur méthode comme dans leur objet, le nom de philosophiques convient-il encore ?

Philosophie, de tout temps, a impliqué deux conditions : 1° l'effort pour considérer les choses d'un point de vue un et universel, soit qu'elles puissent, ou non, être ramenées elles-mêmes à l'unité : σύνοψις, c'est le terme qu'employait Platon ; 2° la considération des choses dans leur rapport avec l'homme. Τί πρὸς ἡμᾶς ; que nous veut le monde ? quelle figure y faisons-nous ? quel rôle nous y appartient ? qu'avons-nous à en attendre ou à en tirer ? de quel œil convient-il de l'envisager : ce sont les questions que tout philosophe a posées à l'univers. Les écarter ; ajourner, indéfiniment peut-être, et le problème de l'unité des choses, et celui de leur signification au point de vue de l'homme ; s'appliquer à vider à tout jamais nos conceptions de tout élément subjectif et humain ; n'admettre, en un mot, que l'explication de l'homme par le monde, et rejeter purement et simplement toute explication du monde par l'homme : ce n'est pas amener la philosophie à son état de perfection, c'est l'abolir. Ou la philosophie est une et humaine de quelque manière, ou elle n'est pas.

Mais peut-être y a-t-il, pour maintenir la légitimité de la philosophie en face d'une science qui revendique l'explication de toutes choses, un autre moyen que d'élaborer une philosophie conforme elle-même au type de la science. Ne peut-on, abandonnant à la science tout ce qui est explication, réduction de ceci à cela, se placer résolument sur le terrain de l'expérience pure, et essayer de montrer que, comme la science elle-même, la philosophie s'applique à démêler de véritables faits, lesquels ne diffèrent de ceux qu'étudie la science qu'en tant qu'ils sont plus primitifs, moins mêlés de concepts et d'hypothèses explicatives, plus strictement conformes à l'idée de fait, de réalité immédiatement donnée ? La philosophie, en ce sens, sans être elle-même précisément une science, parce que son objet ne serait pas placé sur le même plan que celui des sciences, présenterait, éminemment, le caractère essentiel de toute science : la religion du fait, de l'expérience. Philosophie, ce serait conscience de l'expérience première et immédiate, alors que la science serait la systématisation de l'expérience commune, seconde et indirecte.

Définition très séduisante. Mais comment un homme pourrait-il se donner cette expérience immédiate, indépendante de tout concept, antérieure à la formation des concepts ? Qu'est-ce qu'une intuition en soi, sans aucun mélange de concept ? Pouvons-nous, dans une telle opération, voir autre chose qu'une moitié de l'opération réelle de notre esprit, une face de l'expérience, artificiellement isolée de l'autre, et dotée d'une individualité et d'une suffisance illusoires ?

Et, en admettant qu'il puisse y avoir ainsi une intuition sans concept, trouvera-t-on le moyen d'échapper au fameux dilemme de Kant : si le concept sans intuition est vide, l'intuition sans concept est aveugle. L'homme n'obtient quelque connaissance effective que par l'union d'un concept et d'une intuition. Tout concept ôté, il reste ce qu'on appelle un pur sentiment, état réel sans doute, mais en lui-même purement subjectif, c'est-à-dire doué peut-être, pour l'individu, d'une puissance de persuasion irrésistible, mais sans valeur intellectuelle aux yeux des autres hommes.

Et cette puissance même que s'attribue le sentiment, ne laisse pas d'être plus apparente que réelle. Les idées que nous associons à nos sentiments les plus forts, tôt ou tard, se conforment à l'ensemble de nos connaissances. Telle personne sent en elle l'action surnaturelle de puissances étrangères, là où telle autre, habituée à penser physiologiquement, ne perçoit qu'une impulsion organique.

Ni comme science, ni comme expérience, au sens scientifique de ces mots, la philosophie ne se soutient devant la pensée moderne. Quel avenir, donc, lui est réservé ?

A priori, on ne voit pas pourquoi la persistance de la philosophie serait assurée. Est-ce que la durée est, à elle seule, une garantie de durée ? Que de croyances séculaires ont disparu ! Il y a des cas où ancien veut dire respectable, et il y en a où ce mot signifie vieux et suranné. Rien n'empêche que la philosophie, après avoir représenté une phase du développement de l'esprit humain, après avoir joué son rôle, utile et glorieux, dans le progrès de ce développement, ne se trouve, quelque jour, rendue inutile, nuisible, par le triomphe de ce mode même de connaissance qu'elle a préparé et couvé : la science.

Si l'adhésion de l'esprit humain aux enseignements de la science est désormais assurée, et si l'existence de la science, logiquement, exclut celle de la philosophie, comment la philosophie, chose de raison et de logique, pourrait-elle indéfiniment subsister ? Ceci tuera cela : la célèbre maxime trouve ici son application.

III

Et pourtant, de l'aveu général, la philosophie est en ce moment florissante. Et le succès croissant de nos Congrès en est une démonstration vivante. Et ce n'est pas en s'isolant des sciences, c'est en se rapprochant d'elles, en s'unissant à elles de plus en plus intimement, que la philosophie, actuellement, se rajeunit et acquiert une vigueur nouvelle. Qu'est-ce à dire ? Sommes-nous dupes d'une illusion ? Est-ce à tort que ce Congrès porte le nom de philosophique ? N'y a-t-il, parmi nous, de vraiment existantes et prospères que certaines études spéciales, très semblables à celles qui se produisent dans les Congrès exclusivement scientifiques ?

Avant d'aborder l'examen de cette question, il convient de se demander suivant quelle méthode cet examen doit être conduit.

Chercher à établir directement et immédiatement, abstraction faite des prétentions de la science, la légitimité subsistante des recherches philosophiques serait faire œuvre de dialectique purement abstraite. Le merveilleux développement des sciences, en effet, n'a pas seulement révélé une foule de vérités dont il est indispensable de tenir compte : il a créé une tournure d'esprit, une forme d'intelligence, qui désormais est nous-mêmes, et d'après laquelle, d'abord, nous jugeons les conceptions qui nous sont offertes. La philosophie ne peut subsister que si elle est en harmonie avec la manière de penser qu'a déterminée la science. C'est pourquoi un examen de la nature et des titres de la philosophie doit désormais partir de la considération des sciences, sous peine de se heurter à l'objection dite de la question préalable.

Mais, si nous partons de la considération des sciences, est-ce à dire que nous ne nous croirons le droit de penser que suivant les catégories de l'esprit scientifique comme tel ? S'il n'y a pas d'autre pensée légitime que la pensée précisément scientifique, tout examen est inutile, le problème est résolu d'avance. Si l'on ne peut penser qu'à l'aide du nombre, disait Philolaüs, tout est, pour nous, nécessairement, nombre. Et, de même, si la science seule fournit des vérités, la philosophie, en tant qu'elle prétend se distinguer de la science, ne peut viser que l'erreur.

Mais la science est-elle, en effet, notre seul organe de connaissance ? La vie humaine, à tout instant, en met en jeu un autre, qui est ce qu'on appelle la raison. Dans l'ordre pratique, notamment, il est clair que nous ne nous décidons pas simplement d'après nos connaissances méthodiquement acquises, mais d'après un sens du réel et du convenable qui, sans se mettre aucunement en opposition avec la connaissance scientifique, la complète et la dirige, selon le besoin de l'action, qui ne peut attendre. La raison n'est pas la science. Celle-ci est une somme de notions : celle-là est une faculté vivante. L'une fournit des données, des points d'appui, des matériaux : l'autre juge. Juger, c'est discerner, choisir, adopter, non en appliquant mécaniquement une règle extérieure, mais en pensant, sous l'inexprimable idée du vrai. Les sciences s'obtiennent par l'analyse des phénomènes. La raison se forme en réfléchissant, et sur les sciences et sur la vie.

Les sciences tendraient-elles à rendre la raison inutile, et à se substituer à elle dans l'esprit humain ? Ou la raison joue-t-elle, dans les sciences même, un rôle nécessaire, propre à la justifier aux yeux du savant, comme de l'homme borné à la vie pratique ?

En examinant les choses à ce point de vue, nous éviterons, et le cercle vicieux consistant à se demander, du point de vue de la science, si quelque spéculation autre que la science est légitime ; et l'arbitraire, inséparable d'une méthode qui ne part pas de la considération des sciences.

On entend souvent parler de la science comme d'une unité. Non sans doute que l'on considère comme réalisée la systématisation parfaite de toutes les sciences particulières. Mais on suppose que, dès maintenant, la nature a suffisamment confirmé certains principes, qu'elle-même d'ailleurs a suggérés, pour que l'on considère comme fondée en droit l'idée de l'unité et de l'identité universelle qui fait le fond de ces principes. Il y aurait, en ce sens, au terme du progrès de nos sciences, une science en soi, une et absolue, qui constituerait, pour le philosophe, la forme véritable de la science.

Il faut reconnaître que si, effectivement, toutes les sciences, en droit, se ramènent à l'unité, la légitimité ou l'intérêt d'une recherche telle que la philosophie sont fort contestables. D'une part, en effet, une telle science donnerait, elle-même, une sérieuse satisfaction à ce besoin d'unité qui est l'un des ressorts essentiels de la recherche philosophique ; d'autre part, l'unité absolue de la science signifierait l'assimilation absolue de l'homme aux choses, c'est-à-dire l'anéantissement de l'homme en tant qu'homme. Il ne resterait guère à la philosophie d'autre tâche que de se demander de quel côté est, en définitive, l'illusion : du côté de l'homme, qui a conscience d'être, et ne peut trouver qu'en lui-même une mesure de l'être ; ou du côté de la science, qui abolit tout ce qui, aux yeux des êtres, est la condition de l'être. Singulière alternative, d'opter entre une connaissance qui ne peut s'appliquer à l'être et un être qui ne peut être objet de connaissance !

Mais une telle condition n'est pas celle où nous nous trouvons en effet. Notre science, essentiellement expérimentale, ni n'est une, ni ne sait si elle pourra jamais devenir une. L'unité est, pour elle, non un principe constitutif, mais un principe d'investigation : c'est une question, qu'elle pose à la nature. Il n'y a pas, en réalité, une science, mais des sciences. De plus en plus jalousement, ces sciences visent, non seulement à systématiser et unifier les connaissances, mais à atteindre le réel, à acquérir une valeur vraiment objective. Comment y parviennent-elles ?

S'il est une science qui paraît se suffire, et vivre de déduction pure, c'est la mathématique. Pour prouver qu'elle n'a que faire d'éléments autres que le concept et le raisonnement, il lui faudrait exorciser définitivement le fantôme de l'infini, qui semble bien être objet, non de conception pure, mais d'intuition. Il est douteux qu'elle y puisse jamais parfaitement réussir. Un très habile mathématicien philosophe, dont nous déplorons la perte récente, Jules Tannery, s'est efforcé particulièrement de réduire à des éléments purement logiques les données des mathématiques. Il écrivait un jour : « La notion de l'infini, dont il ne faut pas faire mystère en mathématiques, se réduit à ceci : Après chaque nombre entier, il y en a un autre ». Mais plus tard il s'avisa que, dans la proposition : il y en a un autre, le verbe : il y a, au temps présent, signifie qu'avec un nombre quelconque le nombre suivant n'est pas moins donné que le précédent ; et ainsi cette définition même pose une suite, à la fois déterminée et infinie, qui est un scandale logique. Les mathématiques sont autre chose qu'un système quelconque de propositions, soumises à la seule condition d'être impliquées les unes dans les autres. Elles ont une valeur, non seulement logique, mais objective ; et cette valeur est liée à certaines essences, c'est-à-dire à certaines intuitions, qu'elles supposent.

Il en est de même de la physique, elle a ses postulats propres et indispensables.

S'il est vrai que la loi physique la plus profonde, celle qui régit la production la plus concrète des phénomènes, soit le principe de la dégradation de l'énergie, la physique suppose l'idée de changement et de changement qualificatif, laquelle ne se conçoit que comme le produit d'une intuition.

En biologie, toutes les explications, toutes les théories impliquent la notion d'adaptation, ou changement tendant à la conservation d'une individualité donnée ; et cette notion manifeste la part nécessaire de l'intuition dans cet ordre de recherches.

La psychologie ne peut se constituer comme science

objective, atteignant les caractères spécifiques de l'être qu'elle étudie, sans admettre la notion intuitive d'un choix de moyens, opéré par une activité unifiante, appelée moi, en vue de la réalisation et de l'agrandissement de ce moi lui-même.

Enfin la sociologie, qui fait effort pour se constituer comme science distincte, repose sur l'idée qu'en tant qu'une collection d'individus constitue une société, cette collection possède des manières d'être qui ne se peuvent déduire des qualités des individus, et qui s'imposent aux individus. Une société est, par rapport aux individus dont elle se compose, une création; la notion ne s'en peut donc expliquer que par l'intervention d'une intuition.

Je me rappelle que notre bien regretté Jules Tannery avait commencé par dire : Le bon sens n'a pas de place en mathématiques. Il entendait par là que, dans toutes les théories de l'action humaine, et même dans toutes les sciences concrètes, il faut faire une place à ces notions, acquises par le contact avec les réalités, que l'on comprend sous le nom de bon sens, mais qu'en mathématiques on n'a que faire de ces notions. En réalité, les mathématiques, déjà, comme Tannery lui-même le reconnut dans la suite, supposent de telles notions, dues à l'intuition ; et les sciences, à mesure qu'elles considèrent des objets plus concrets et vivants, requièrent des intuitions plus riches et originales.

Il ne faut pas confondre objectivité et objectivisme. Toute connaissance vise à l'objectivité. Mais le moyen le plus sûr d'y atteindre n'est pas toujours de s'imposer l'emploi d'une méthode exclusivement objective. Il est des cas où une part, même très large, faite à la méthode subjective est un moyen beaucoup plus sûr d'atteindre à un certain degré d'objectivité. Pour reconnaître et comprendre une œuvre d'art, il est, certes, nécessaire de s'entourer de tous les renseignements que peut fournir l'érudition. Mais il n'est pas seulement plus direct, il est bien plus sûr de faire appel à son intelligence, à sa sensibilité, à son goût, que de s'en tenir à des données purement objectives. Il en est de même des religions, qui ne révèlent leur sens qu'à celui qui, de quelque manière, éprouve le sentiment religieux. Et ce qui est vrai des sciences morales a son application jusque dans les sciences physiques et mathématiques. Là aussi une certaine part faite à la méthode subjective, à l'intuition, est la condition de l'objectivité, de la possession d'une connaissance concrète. L'objectivisme suppose que les choses, pour nous, se peuvent, à la lettre, réduire à leurs rapports. Une telle vue est purement théorique. Nous ne pouvons, sans compromettre leur valeur objective, isoler les signes de leur signification.

Il y a donc, pour nous, en fait, non une science une et universelle, mais des sciences diverses ; et chacune de ces sciences implique des postulats, qui lui sont fournis par des intuitions. La science est un effort pour réduire indéfiniment la part de l'intuition et se contenter de la déduction. Mais, de même que l'homme a besoin de faire appel à ses propres forces pour les remplacer, dans ses travaux, par celles de la nature, de même l'intuition demeure nécessaire à la science, pour qu'elle s'ingénie à s'en passer.

Telle est la science humaine. Elle ne se suffit qu'en se donnant un certain nombre de postulats, dont l'idée lui est fournie par des intuitions.

Or il est remarquable que, si la raison vient à réfléchir sur les conditions de l'action comme sur celles de la science, elle trouve que les postulats de celle-ci coïncident, au fond, avec les postulats de celle-là.

Le premier caractère de l'action humaine, c'est de toujours poursuivre quelque chose de nouveau. En chacune de nos démarches, il s'agit de produire un phénomène autre que la résultante mécanique des impulsions préexistantes. Certes, l'homme ne peut agir sans imiter, soit la nature, soit quelque autre homme, soit lui-même : pourtant, il juge indigne de lui de se borner à imiter ; et dès qu'il veut se manifester comme homme, il fait servir le connu à réaliser quelque invention originale. Or ce caractère suppose que l'homme se considère comme étant en présence d'un champ infini de possibilités. La notion de l'infini est une condition de l'action humaine.

En second lieu, l'action naît du sentiment d'un manque, d'un vide, d'une perfection où nous pourrions prétendre et que nous ne possédons pas. Et elle aboutit à la conscience d'un mieux ou d'un moins bien être. Elle ne présenterait plus aucun intérêt, elle disparaîtrait, si l'homme ne pouvait se donner que le plus dans l'homogène. Plus de terres, plus de richesses, plus de force, plus d'honneurs, ce n'est pas simplement, à ses yeux, une collection plus nombreuse d'unités semblables : c'est la conscience d'un état autre, d'un changement qualitatif, d'une valeur nouvelle. Le sentiment d'un homme qui s'élève dans les airs n'est pas celui qu'aurait la machine qu'il monte, si elle prenait conscience de son travail. Une seconde condition de l'action est donc l'idée de qualité, susceptible, non seulement de plus et de moins, mais de changement de nature, de mieux ou de pis.

L'action, d'ailleurs, n'est pas sa fin à elle-même. C'est comme individu que l'homme agit ; et il se propose de maintenir son individualité, à travers les changements qui se produisent dans le milieu dont il dépend. Un désaccord entre ce milieu et son état lui est une cause de souffrance et de gêne : il travaille à faire cesser les heurts qui se produisent de la sorte ; et tout d'abord il se plie, autant qu'il le peut faire sans compromettre son existence propre, aux conditions où il se trouve. La conservation de l'individu est à ce prix. Elle suppose cela même que la biologie appelle adaptation.

Ce n'est pas tout : l'action humaine n'est pas seulement l'effort d'un individu comme tel. Elle est intelligente : elle est accomplie en vue de certaines fins, qui sont adoptées, voulues par le sujet agissant ; elle emploie des moyens également élus, en tant que conformes à la fin poursuivie et aux dispositions du sujet. L'action humaine suppose donc une activité synthétique et capable de choix, telle que l'admet, comme condition de son objet propre, la science psychologique.

Enfin l'action humaine n'est pas enfermée dans les limites de l'intérêt individuel, elle vise l'intérêt de la société, comme quelque chose d'autre et de plus relevé. Ce n'est pas tout : grâce à l'influence réciproque et constante de l'individu sur la société et de la société sur l'individu, l'homme conçoit, de plus en plus nettement, des fins supérieures et idéales, vers lesquelles il s'efforce de diriger, et la vie sociale, et la vie individuelle. L'action humaine suppose donc, finalement, ces notions même de société comme réalité distincte, de devoir idéal s'imposant à la société comme à l'individu, dont la sociologie, si elle veut être la science des sociétés humaines, et non pas seulement animales, ne peut se passer.

Ainsi l'action, comme la science, implique des postulats ; et ces postulats sont, au fond, les mêmes. Ce qui constitue la différence très réelle et profonde de la science et de l'action, c'est que, tandis que la science vise à éliminer l'intuition, pour ne conserver que la loi, l'action tend à absorber la loi, de manière à réaliser l'être le plus riche, le plus souple et le plus libre possible.

*
* *

Cette parenté de l'action avec la science, cette admission commune des mêmes postulats est, pour le savant, un sérieux motif de ne pas dédaigner l'action, mais de la tenir, dans sa spécificité même, pour réelle et compatible avec les objets de la connaissance scientifique ; d'en admettre, enfin, la réalité et la valeur, dans celles-là même de ses parties ou de ses formes, que la science ne réussit pas à s'assimiler.

Si, en effet, il existait une faculté de penser qui fût, en quelque sorte, la racine commune de la science et de l'action, ne serait-il pas légitime de dire que cette faculté ne constitue pas seulement un point de vue concevable et intéressant, mais un véritable mode de conaissance, présentant une valeur certaine, aux yeux du savant comme aux yeux du commun des hommes.

Or, ce qu'on nomme la raison est précisément cette faculté. Les anciens Grecs la faisaient maîtresse de sagesse, σοφία, et ils entendaient par ce mot l'harmonie de la science et de l'action. Il y avait, selon eux, une affinité intime et réciproque entre l'intelligence et la volonté : de là le paradoxe socratique de la vertu identifiée avec la science du bien. Dans les temps modernes, Kant a bien vu que la raison n'est pas moins originale et fondée à déterminer nos jugements, comme faculté pratique que comme faculté théorique : mais, de son point de vue analytique, il voit ces deux facultés extérieures l'une à l'autre. C'est, semble-t-il, ce point de vue qu'il importe de dépasser. Il faut insister sur le caractère artificiel d'une séparation de la fonction théorique et de la fonction pratique appartenant à la raison. Car ce qui caractérise la raison, ce qui fait vraiment son essence et sa valeur, c'est de fondre en une unité indissoluble les conditions de l'action et celles de la connaissance. Dire que cette unité est une synthèse de la théorie et de la pratique serait employer encore une métaphore suspecte, car une synthèse suppose des unités préexistantes. Le bon sens, comme disait Descartes, la raison, telle que l'entend le langage commun, est un principe plus profond qu'une telle synthèse : c'est l'unité foncière du sens du réel et du sens de l'intelligible. Certes, la raison se développe en se nourrissant et de connaissances scientifiques, et d'expériences pratiques. Mais elle est, en soi, l'intelligence en contact immédiat avec l'être, la pensée secrètement une avec l'action.

Si la raison, ainsi entendue, est justifiée, aux yeux d'une

réflexion qui prend son point de départ dans la considération des sciences positives, les spéculations qui expriment la vie et le développement de cette raison ont elles-mêmes leur légitimité. Or ces spéculations ne sont autre chose que ce qu'on appelle la philosophie.

Elles se répartissent dans trois catégories :

1° En ce qui concerne les sciences, la raison analyse leurs méthodes, les opérations par lesquelles elles se font et progressent, en vue de dégager l'élément humain qu'elles recèlent, le sens vivant de leurs formules, le rapport de leur certitude à la satisfaction de l'esprit.

2° En ce qui concerne l'art, la morale, la religion, la raison cherche à démêler et définir le rapport qui unit au réel donné et visible ces trois mondes, spécialement humains, dont le réel extérieur n'est que le support, ainsi que le genre d'existence et la valeur qui leur appartiennent. L'art, c'est un monde où l'homme se trouve chez lui, construit avec des matériaux pris dans ce monde réel et donné, à qui l'homme est indifférent. La morale, c'est un monde idéal construit par la raison pour servir de modèle aux sociétés humaines. La religion, c'est un monde à la fois intérieur et transcendant, conçu, à la fois comme surnaturel, et comme capable de se réaliser dans notre monde visible.

Tandis que, pour l'homme qui ne connaît que la vie et la science, ces autres mondes, matériellement irréels, sont simplement juxtaposés, par l'imagination ou par le cœur, au monde sensible où nous nous voyons vivre, pour le philosophe un rapport rationnel est concevable entre le réel immédiat et ces existences idéales.

Enfin, la raison peut s'étudier en elle-même, dans son rapport au vrai et à l'être : c'est alors, plus proprement, ce que l'on appelle métaphysique.

IV

C'est ainsi que, tout en prenant son point de départ dans l'étude des sciences et l'analyse de leurs données, la philosophie peut néanmoins se constituer comme spéculation autonome. Sa fonction est de chercher les rapports de la science et de l'action. Elle répond au besoin de savoir si l'être, en tant qu'il dépasse la portée de la science, offre une prise à l'intelligence, à la raison, à la pensée humaine. C'est l'homme se demandant si, en quelque manière, il n'est pas, lui-même, le centre et l'unité des choses. Ne trouverait-il pas en soi quelque perfection qu'il serait légitime d'estimer parente du principe de l'univers ?

Le mode de penser de la philosophie n'est pas l'intuition pure, abstraction pour nous irréalisable ; ce n'est pas non plus le pur raisonnement, enfermé dans le monde des concepts : c'est une dialectique constamment guidée par le commerce direct avec le réel le plus concret et le plus immédiat qu'il nous soit donné d'atteindre ; et c'est une intuition qui, tout en gardant sa spontanéité, s'éclaire des connaissances les plus vastes et les plus profondes auxquelles ait pu parvenir l'esprit humain. C'est une fusion aussi intime que possible de la dialectique et de l'intuition.

Par suite, si la connaissance philosophique ne présente pas ce genre d'objectivité qui suffit aux sciences, et qui repose sur la construction artificielle d'un monde extérieur auquel nous puissions comparer nos concepts, elle ne se réduit nullement au sentiment individuel. Elle vise à saisir le fondement même de l'objectivité scientifique, et elle atteste sa valeur par son aptitude à obtenir l'adhésion des intelligences, ce qui est, sans doute, en toute matière, la raison dernière de la certitude.

*
* *

Si telle est la philosophie, en quoi consiste, au juste, son rapport aux sciences ?

Cette question ne comporte pas la réponse simple et donnée une fois pour toutes que l'on aimerait à fournir. On peut, certes, aisément la résoudre, en posant d'abord la définition des rapports que l'on tient pour intelligibles, et en cherchant ensuite si la philosophie et les sciences admettent entre elles de semblables rapports. Mais un type de rapport ainsi posé *a priori* n'est qu'une construction de l'esprit, et la réalité n'a nullement le devoir de s'y emprisonner. La philosophie et la science se sont faites en déterminant peu à peu diverses espèces de rapports plus profonds que les rapports extérieurs, d'après l'étude même de la nature des choses. Il y a, disait Héraclite, une harmonie invisible, qui est plus belle que l'harmonie visible : ἁρμονίη ἀφανὴς φανερῆς κρείττων. La philosophie est la recherche de cette harmonie interne.

La philosophie grecque a consisté dans l'invention de trois sortes de rapports : le rapport d'identité et de contradiction ; le rapport de causalité mécanique ; le rapport de finalité.

Avec Galilée et Descartes la science et la philosophie ont nettement dégagé une nouvelle sorte de rapport : celui de la conjonction immédiate entre deux objets irréductibles l'un à l'autre. Certes, je puis, disait Descartes, une fois en possession de cette conjonction : *cogito ergo sum*, la mettre, par après, sous forme syllogistique, en imaginant, comme expression abstraite du *nexus*, la majeure : *Quiquid cogitat est*, et en faisant, dès lors, de *ergo sum*, une conclusion. Mais cette seconde méthode, commode pour l'exposition, ne peut servir à découvrir des conjonctions, puisqu'elle ne fait qu'exprimer logiquement celles qui, déjà, ont été découvertes; et l'homme, en toute matière, en est et sans doute en sera toujours à la période de la recherche.

Le problème philosophique que posait la doctrine cartésienne de la conjonction était celui de savoir dans quelle mesure un rapport entre A et B, comme termes irréductibles l'un à l'autre, pouvait être tenu pour rationnel. L'école dite rationaliste s'efforça d'intellectualiser ce qui d'abord semble purement empirique. Descartes observa que les deux termes de certaines connexions sont vus ensemble par une intuition de l'esprit une et indivisible : *uno mentis intuitu.* Leibnitz démêla, entre les deux termes connexes, un rapport de continuité. Kant professa que la connexion était une synthèse, construite par l'esprit suivant ses besoins et ses lois. Hegel reconnut, dans les rapports réels des choses, l'esprit lui-même, réalisant progressivement l'unité, à la fois concrète et universelle qui est son essence.

Et, aujourd'hui même, nous voyons les hommes d'action, comme les philosophes de profession, sonder et élaborer le concept de solidarité, dans l'espoir d'obtenir, grâce à lui, une vue plus profonde et plus rationnelle des relations sociales.

Il appartient à l'esprit de finesse, comme disait Pascal, d'essayer de déterminer de telles relations ; et de ce genre sont les rapports de la philosophie et de la science . D'une manière générale, le passage de la science à la philosophie est contingent. Ἀναγκαιότεραι μὲν οὖν πᾶσαι αὐτῆς disait Aristote: il n'est nulle science qui ne soit plus nécessaire que la philosophie. L'homme peut vivre sans penser : il lui suffit d'oublier qu'il est homme. Et, comme la pensée est une tension et ne va pas sans danger, une certaine sagesse positive, ainsi que la loi du moindre effort, lui persuade aisément de se passer de la réflexion philosophique. Mais Aristote ajoute : ἀμείνων δ' οὐδεμία, Si la pensée n'est pas une nécessité, c'est une dignité. Par la pensée, par la philosophie, l'homme comprend plus profondément les choses, distingue mieux les valeurs réelles, cherche les moyens de faire, de la raison, une force qui joue un rôle dans le monde.

Si donc le rapport de la philosophie à la science est contingent, il n'est pas, pour cela, fortuit et arbitraire. Le contingent lui-même, disait Leibnitz, peut avoir une racine rationnelle. Il y a une certaine solidarité entre la science et la philosophie, aux yeux d'un esprit qui veut, non seulement savoir, mais comprendre, et se former un idéal. La philosophie est le travail de la raison, qui se sert de la science et de la vie pour se réaliser elle-même.

***

Cette conception de la philosophie, qui, en un sens, l'attache aux sciences, est-elle en contradiction avec l'œuvre des grands philosophes du temps passé, et conduit-elle à renier cette œuvre ?

Elle se concilierait mal avec le passé de la philosophie, si l'on ne voulait voir, dans l'histoire de celle-ci, qu'une série ou même une suite logique de systèmes qui se suffisent et forment un monde à part, régi par une dialectique spéciale.

Mais la philosophie est-elle toute dans les systèmes de philosophie ; et ces derniers eux-mêmes ne sont-ils autre chose que des constructions rigides, où l'esprit a pensé s'enfermer pour l'éternité ?

La philosophie a changé de systèmes, donc elle se trouvait à l'étroit dans les systèmes. La pensée de la plupart des philosophes a évolué, donc elle n'était pas l'esclave de ses propres créations. Les œuvres de l'homme, il est vrai, en un sens, existent à part, et, comme telles, induisent la critique de genre scolastique à se donner comme tâche de les expliquer par un simple rapprochement mécanique de textes et de documents. Mais ce qui fait la valeur, la vérité et la fécondité de ces systèmes mêmes, c'est le génie du philosophe, dont ils sont l'incarnation, et qui vit en eux. Et si ce génie ne nous est, en fait, accessible qu'à travers les textes, si toute tentative de communiquer directement avec lui, comme feraient des esprits désincarnés, paraît illusoire, nous ne nous trompons pas, pourtant, en cherchant sous la lettre l'esprit, la pensée vive sous les formules.

La conception de la philosophie comme développement contingent et autonome de la raison, réfléchissant sur la science et sur la vie, n'a rien que de parfaitement compatible avec l'existence et l'autorité de la science. Une telle philosophie n'oppose pas à la science un système fermé, qui serait comme une science *a priori*, se dressant en face de la science expérimentale, seule légitime à nos yeux de modernes. D'une part, cette philosophie est vraiment autre que la science et placée sur un autre terrain ; toujours ouverte, d'autre part, aux influences de la science, elle ne saurait jamais, ni la contredire, ni l'ignorer.

Elle ne perd rien, en adoptant cette attitude, de sa réalité et de sa fécondité. C'est, disait Gœthe, le propre de l'esprit, d'être, éternellement, une excitation pour l'esprit. *Dies ist die Eigenschaft des Geistes, dass er den Geist ewig anregt.* La philosophie comme vie est moins saisissable, en apparence, mais a plus d'action sur les hommes que la philosophie comme système.

La philosophie de l'esprit fut, en réalité, le terme où s'achemina l'effort des grands penseurs.

Platon et Aristote étaient des novateurs, qui voulaient affranchir l'intelligence du joug de la nécessité mécanique, et lui assurer une vie libre et indépendante. Descartes se donnait pour tâche principale, non de construire un système, mais, en méditant sur l'enseignement des sciences et de l'expérience pratique, de cultiver sa raison.

C'est cet objet même que nous devons retenir. Il suffit à contenter toutes nos ambitions. La raison est libérale : elle sait accorder le respect du passé avec le souci des droits de l'avenir. Elle assure à l'homme la conservation de ce qu'il y a de meilleur dans le legs des ancêtres ; et elle accueille, dans ce qu'elles ont d'essentiel, nos plus belles et nos plus chères espérances.

LA PSYCHOLOGIE DU MYSTICISME

Conférence faite à l'Institut psychologique international

le 7 février 1902 (1)

(1) Extrait de la *Revue Bleue* du 15 mars 1902.

LA PSYCHOLOGIE DU MYSTICISME

S'il devait être étudié sous toutes ses faces, ce sujet serait extrêmement complexe : il ressortirait à la théologie, à la littérature, à l'histoire, aux sciences physiques et morales. Nous ne pourrions, en particulier, nous dispenser de l'aborder au point de vue physiologique et pathologique, aussi bien qu'au point de vue de l'observation interne. Mais la division du travail a sa place même dans la science, et sans doute il n'est pas impossible, sans envisager les manifestations organiques du mysticisme, d'en démêler quelques traits intéressants et utiles à connaître.

Les mystiques furent souvent eux-mêmes de grands psychologues. L'observation de la vie intérieure a toujours été leur préoccupation dominante. Or, à moins de les prendre tous pour des malades, on doit tenir à noter les découvertes qu'ils ont pensé faire dans le domaine de l'âme humaine.

Il est vrai que les mystiques sont parfois présentés comme de simples malades. S'il en était ainsi, il faudrait certes renoncer à parler du mysticisme sans en étudier le côté physiologique ; mais, à prendre le mot dans son sens large et historique, il ne semble pas qu'on ait le droit de ranger immédiatement les mystiques parmi les malades.

On a essayé de montrer que Socrate était un malade, parce qu'on trouvait chez lui quelque penchant au mysticisme. Rien n'est plus contraire à la vraisemblance. C'était un esprit sain et robuste, un raisonneur infatigable, célébrant et pratiquant par-dessus tout la possession de soi. Un François d'Assise, un saint Bernard, un Spinoza, un Schleiermacher, chez qui la part du mysticisme est grande ou prépondérante, étaient-ils des malades ? On alléguera Pascal et l'abîme qu'il voyait constamment à son côté, et l'accident du pont de Neuilly, qui avait dérangé son cerveau. Mais ces historiettes sont sans fondement, et la critique actuelle les raye de sa biographie. Quant au ravissement qu'il éprouva le 23 novembre 1654, et dont il consigna le souvenir dans une pièce qu'on peut appeler son mémorial, ce phénomène, en partie physiologique, fut non une cause, mais un effet du mysticisme. C'est la pensée concentrée pendant des mois sur un même objet qui, à un moment donné, a déterminé dans l'organisme des sensations correspondantes. Quelque chose, non de semblable, mais d'analogue, est arrivé à l'homme du sens le plus rassis, à Descartes.

I

Le mysticisme consiste, d'après une telle définition que je trouve chez Plotin, à voir les yeux fermés (μύσαντα ὄψιν), à voir des yeux de l'âme, pendant que sont fermés les yeux du corps. Le phénomène essentiel du mysticisme est ce qu'on appelle l'extase, un état dans lequel, toute communication étant rompue avec le monde extérieur, l'âme a le sentiment qu'elle communique avec un objet interne qui est l'être infini, Dieu.

Mais, ce serait faire du mysticisme une idée incomplète que de le concentrer tout entier dans ce phénomène, qui en est le point culminant. Le mysticisme est essentiellement une vie, un mouvement, un développement, d'un caractère et d'une direction déterminés. A vrai dire, toutes les phases de ce développement ne se présentent pas d'une façon également distincte ou manifeste chez tous les mystiques ; on peut cependant, en comparant les récits des plus grands, arriver à se faire une idée assez nette et assez une de ce qu'est, dans sa forme normale et complète, l'ensemble du développement mystique. Je vais essayer, autant qu'il est possible de réduire la vie en formules, de marquer les étapes de ce développement.

Le point de départ, le premier moment, c'est un état d'âme difficile à définir, que caractérise assez bien le mot allemand *Sehnsucht*. C'est un état de désir vague, inquiet, très réel et susceptible d'être très intense comme passion de l'âme, très indéterminé ou plutôt très inexplicable dans son objet et dans sa cause. C'est une aspiration vers un inconnu, vers un bien nécessaire au cœur et irreprésentable pour l'intelligence. Un état de ce genre peut, à vrai dire, se rencontrer chez des hommes très divers et avoir des significations très différentes. Chez le mystique, il est profond et durable, il travaille l'âme, et peu à peu celle-ci se fait une idée de l'objet de son aspiration. Cette révélation n'est pas directe. Mais, selon l'expérience mystique, plus ou moins subitement, les choses au milieu desquelles nous vivons, sur lesquelles il semblait que notre jugement fût établi, nous apparaissent sous un autre jour. Ce qui nous charmait se décolore; ce que nous admirions s'avilit; nos plus chères affections cessent d'emplir notre cœur. Les objets du monde ne nous retiennent plus, mais chacun d'eux a pour effet d'éveiller en nous l'idée de son contraire. Dans tout ce qui s'offre à nos regards, nous ne voyons que la déformation, la vaine image, terne et morte, d'un modèle vivant, parfait et infini, que les réalités sensibles sont impuissantes à exprimer. Nous concevons, comme l'objet suprême de nos désirs : l'infini, l'éternel, le parfait, Dieu. Et réfléchissant sur le sentiment qui a été le point de départ de cette conception, nous comprenons pourquoi l'inquiétude s'y mêlait au besoin, pourquoi nous ne pouvions ni nous soustraire à ce sentiment, ni le satisfaire. C'était l'idée encore inconsciente d'un objet infini qui créait dans notre conscience un malaise indéfinissable, à propos de la possession de tous les objets finis. Dans le passage de cette idée, de la sphère de l'inconscient à celle de la conscience distincte, consiste la première phase du développement mystique.

La seconde, ce sera l'effort pour se transformer au dedans de soi-même, conformément à cette idée. Cet effort se traduit nécessairement par une lutte. En effet, tous ces objets qui nous environnent, et que maintenant nous considérons comme indignes de nous, nous y tenons par mille liens, nous y sommes habitués, nous en vivons, notre cœur y met sa complaisance. Or nous savons maintenant que nous ne devrions pas les aimer, que Dieu seul est le digne objet de l'âme humaine. Mais une idée n'est pas un sentiment : le problème qui s'impose est précisément de transformer l'idée en sentiment. Dès lors s'engage un combat intérieur entre ce que nous voudrions être et ce que nous sommes, entre une idée qui n'est encore qu'une abstraction, et des sentiments qui, bien que condamnés désormais par l'intelligence, n'ont rien perdu de leur réalité et de leur force.

Les moyens qu'emploie le mystique pour agir sur ses sentiments et les transformer sont la purification et l'ascétisme : κάθαρσις et ἄσκησις. Les mortifications du corps doivent, dans sa pensée, libérer l'âme, et la rendre docile aux dictées de l'intelligence.

La lutte ainsi envisagée devient de plus en plus douloureuse, à mesure que se révèle, grâce à l'effort même que nous faisons pour le briser, toute la force de notre attachement au monde. D'abord il nous semblait que nous pouvions disposer de nous-mêmes, qu'il suffisait de vouloir. Bientôt nous comprenons que l'inertie même est une résistance, une force latente où se résument et subsistent les actions antérieures ; et plus nous luttons, plus la victoire nous paraît éloignée et difficile.

Il y a ainsi un premier progrès dans lequel l'âme souffre de plus en plus et éprouve des tentations de découragement. Mais bientôt, chez celui qui a persévéré avec une foi solide, le changement poursuivi commence à s'opérer, et la souffrance de la lutte se mélange de satisfaction et d'espoir. L'âme est heureuse de souffrir, sentant que ses souffrances sont fécondes et l'acheminent vers un état d'apaisement et de joie. Et peu à peu la joie pénètre et transfigure la souffrance, et s'en dégage, triomphante. C'est le second moment.

Le troisième est ce qu'on nomme l'extase : c'est le passage brusque, instantané, de la vie temporelle, mobile, composée, imparfaite, à la vie immobile, une, simple, éternelle, parfaite et divine. L'extase est la réunion de l'âme à son objet. Plus d'intermédiaire entre lui et elle, elle le voit, elle le touche, elle le possède, elle est en lui, elle est lui. Ce n'est plus la foi, qui croit sans voir, c'est plus que la science même, laquelle ne saisit l'être que dans son idée : c'est une union parfaite, dans laquelle l'âme se sent exister pleinement, par cela même qu'elle se donne et se renonce, car celui à qui elle se donne est l'être et la vie elle-même.

Le sentiment de cette union, c'est l'amour. L'amour seul a cette vertu d'unir les personnes sans les absorber l'une dans l'autre, mais en accroissant au contraire leur réalité et leur conscience comme personnes mêmes. A l'amour, qui exprime l'union de l'âme avec son objet, se joint d'ailleurs l'intuition de l'intelligence, la lumière pure et complète, la certitude, au sens complet du mot. Et l'amour et la lumière engendrent dans l'âme la béatitude, la joie parfaite dans l'harmonie et dans le pressentiment de l'éternité. Tel est le troisième stade.

Mais l'extase ne peut être, dans une créature finie et temporelle, qu'un accident. La vie humaine recommence bientôt, avec son mouvement et son imperfection, avec ses luttes et ses victoires décevantes. Du moins le souvenir des choses vues dans l'instant de l'extase sera désormais, chez le mystique, le principe directeur de l'intelligence et de la vie.

A la lumière de la vérité qu'il a contemplée, l'esprit regarde en lui-même et repasse sa vie antérieure : elle lui apparaît tout autre qu'il ne la voyait dans le temps de lutte qui a précédé la conversion. Alors il croyait s'élever vers Dieu de lui-même et par lui-même. Et l'ordre de génération des états de son âme lui a paru être : en premier lieu l'idée, en second lieu le sentiment, en troisième lieu l'action. Mais c'est là une illusion de la conscience immédiate. En réalité, tout progrès vient d'en haut, et c'est le parfait qui, lui-même, crée en nous la disposition même à le chercher et à le désirer. Gœthe disait : *Das Vollkommene muss uns erst stimmen und uns nach und nach zu sich hinauf heben.* Ces paroles expriment excellemment le point de vue mystique. Ce n'est pas l'idée qui engendre le sentiment : elle en est la traduction, l'expression dans la conscience claire. Et le sentiment lui-même, le désir, l'aspiration, n'est pas le principe de la possession ou de l'acte qui en est la fin. C'est parce que l âme est déjà, dans la profondeur de son être, unie en quelque mesure à son objet, qu'elle aspire à s'y unir pleinement, à s'y savoir et à s'y voir unie, à jouir de cette union. « Console-toi, dit Jésus-Christ à Pascal, tu ne me chercherais pas, si tu ne m'avais trouvé. »

Ainsi, l'ordre véritable des événements, l'ordre selon lequel ils sont engendrés, est inverse de l'ordre suivant lequel ils apparaissent à la conscience immédiate. Au commencement est l'action, l'union de l'âme avec Dieu ; puis vient le sentiment, savoir le désir de persévérer dans cette union ou de la rétablir dans son intégrité si elle est diminuée ; enfin l'idée abstraite, la représentation en quelque sorte objective, dans le miroir de l'intelligence, de ce sentiment, ressort intérieur de l'âme. La fin, l'objet de notre effort, n'en est le terme que parce qu'elle en est le principe.

Envisageant à ce point de vue l'état d'égarement où il se trouvait à l'origine, le mystique se fait, de la maladie et de la souffrance, une notion tout autre que celle de l'homme naturel. Celui-ci, jugeant de la maladie par la souffrance, cherche à se débarrasser de cette dernière, et se croit guéri lorsque, de telle ou telle manière, il y a réussi. Mais, en réalité, il était malade avant de s'en apercevoir. C'était même le caractère latent de cette maladie qui en constituait la gravité ; et ce que, dans notre aversion pour la souffrance, nous appelons désordre et maladie est, au contraire, l'effort de la partie saine de nous-mêmes, l'effort de l'être pur, auquel nous tenons, pour rejeter et éliminer les germes de destruction qui s'accumulaient au dedans de nous. Ce que nous appelons maladie est, en réalité, une crise salutaire, un premier pas vers la guérison. Et loin que ce soit la connaissance de notre malice qui nous détermine à en chercher le remède, c'est à mesure que nous guérissons d'un mal que nous en découvrons l'existence, la nature, l'étendue. Le mal n'est aperçu comme mal que dans la résistance qu'il oppose au bien qui vient le combattre.

Telle est la quatrième phase : un retour sur la vie antérieure, et une orientation nouvelle donnée au jugement et à la conduite.

Reste la cinquième et dernière phase. Cette vie surnaturelle, dont le pressentiment s'est éveillé en lui, le mystique se propose de la développer, de la réaliser dans sa plénitude.

A cet égard, les mystiques se divisent, semble-t-il, en deux catégories. Un certain nombre s'attachent exclusivement à la contemplation de l'être parfait, et ne considèrent plus, dès lors, la vie terrestre et les choses temporelles que comme un obstacle qui les sépare de l'objet de leurs désirs ; ils sont, désormais, des étrangers, des passagers en ce monde. Leur soin constant est d'y mourir dès l'heure présente. Ils représentent ce qu'on appelle le mysticisme ascétique. Ce n'est pas le seul. Il y a aussi un mysticisme qu'on peut appeler joyeux, et qui consiste à transfigurer la vie naturelle, en y infusant le principe surnaturel. Pour un François d'Assise, pour un Jacob Bœhme, le monde n'est mauvais que si on le regarde avec les yeux de la chair. Mais à l'esprit il est donné de l'apercevoir du côté par où le voit Dieu lui-même ; et comment ce qui est touché du regard divin pourrait-il être tout mal et toute corruption ? Loin que le mystique se condamne nécessairement à s'enfuir hors du monde, à n'éprouver pour lui que mépris et horreur, il lui est permis de voir dans l'union de l'âme avec Dieu le principe même qui réhabilite le monde et qui en rend l'usage innocent et salutaire. *Omnia sana sanis*.

C'est ainsi que, par des voies diverses, les mystiques s'acheminent vers la fin où ils tendent et qui est l'agrandissement infini de cette conscience, où l'homme naturel se croit enfermé et comme emprisonné. L'homme naît individu, il veut devenir une personne. Il y parviendra en remontant à la source de toute personnalité, à l'esprit, et en dérivant sa vie propre de ce principe universel. Et en aimant Dieu, il aimera toutes les créatures, car c'est à l'amour même que nous avons les uns pour les autres que nous connaissons que nous aimons Dieu. Cette possibilité, pour les consciences, de briser leur enveloppe matérielle, de se pénétrer mutuellement, cette faculté, pour des êtres qui semblent étrangers les uns aux autres, de se comprendre, de s'aimer véritablement et, sans s'anéantir, comme des êtres distincts, de vivre d'une vie commune, et l'union avec Dieu comme principe de cette communion universelle : telle est l'idée qui préside à la vie mystique.

Vous vous rappelez le mot de Gœthe :

Dann geht die Seelenkraft dir auf,
Wie spricht ein Geist zum andern Geist.

« Alors se développe en toi la puissance de l'âme, et tu entends l'esprit parler à ton esprit ! »

C'est cette communication directe des esprits à travers les corps, sous l'action de Dieu, que rêve le mysticisme. Pascal en a bien rendu l'idée par ces mots très simples, et, si je ne me trompe, très riches de sens : « Tout est un, l'un est l'autre, comme dans les trois personnes. » La Trinité chrétienne est précisément l'expression de cette union propre aux personnes, où la distinction des consciences subsiste, au sein d'une étroite et parfaite communauté.

II

Tel est, selon les principaux représentants du mysticisme, le résumé de la vie et de la doctrine mystiques. Pour en déterminer la signification et la valeur, il est intéressant de se placer tout d'abord au point de vue des mystiques eux-mêmes. Une étude conduite suivant ce principe constituerait ce qu'on peut appeler la psychologie subjective du mysticisme.

Un premier trait que ferait ressortir une pareille étude, c'est la manière remarquable dont les mystiques conçoivent l'observation intérieure ou introspection. Souvent on entend par ce mode de connaissance une observation analogue à l'observation externe, c'est-à-dire visant à saisir, sous leur forme immédiatement donnée, les faits de conscience ainsi que les relations qui s'y manifestent. Telle n'est pas l'observation mystique. Elle ne se contente pas de regarder à la surface de l'âme, elle approfondit. Le mystique croit que, par l'effort de sa réflexion, il peut pénétrer toujours plus avant dans son être intérieur. Il voudrait parvenir à en toucher le fond. Pour lui, le faire n'est que le phénomène de l'être, et l'être échappe à cette conscience superficielle, qui suffit à notre activité pratique et même scientifique. Il y a bien plus de choses dans notre âme que n'en rêve notre philosophie. Il y a des fautes cachées, qui, à notre insu, nous inclinent au mal ; il y a des forces indestructibles et divines, qui nous permettent de nous relever de nos chutes. En un mot, sous le conscient il y a l'inconscient : fonds véritable de notre être, et de plus en plus accessible à une conscience qui, méthodiquement et avec une intensité croissante, recherche les dernières raisons de nos pensées et les plus secrets mobiles de nos actions.

Un second procédé de méthode psychologique est de même mis en évidence par les pratiques mystiques, c'est l'expérimentation intérieure. On discute sur la possibilité de cette opération. Toute la vie mystique n'est qu'une série d'expériences. Le problème général consiste, étant donné l'idée abstraite de certains sentiments, de certains états d'âme, à réaliser dans l'âme ces sentiments, ces états d'âme. « Vous attendez, s'écrie Pascal, pour quitter les plaisirs, que vous ayez la foi. Mais moi je vous dis : Vous auriez bientôt la foi, si vous aviez quitté les plaisirs. Or c'est à vous à commencer. Vous pouvez bien quitter les plaisirs, et éprouver si ce que je dis est vrai. » Tandis que, selon l'opinion commune, nous disposons, dans une certaine mesure, de nos actions, mais peu ou point de nos sentiments, et ne pouvons, par exemple, aimer selon notre volonté, le mystique, qui n'apprécie les actions qu'en tant qu'elles traduisent un sentiment, s'applique à susciter en lui, à l'aide des conditions morales ou physiques sur lesquelles nous avons prise, les sentiments dont s'alimente la vraie vie de l'âme.

Si de l'examen de la méthode nous passons à celui des résultats, nous sommes frappés tout d'abord du rapport que le mystique établit entre la connaissance et le sentiment ou l'action. C'est celle-ci qui est primitive, la connaissance en dépend et ne vient qu'après elle. *Tantum intelligitur Deus quantum diligitur.* L'action est révélatrice de la puissance, l'amour est vision. C'est le mode de notre activité qui détermine le point de vue et la portée de notre intelligence, car les principes de celle-ci ne sont que le résumé de notre expérience. On ne voit que ce qu'on connaît, on ne connaît que ce qu'on fait.

Cette conception de l'origine de la connaissance induit le mystique à transformer, d'une manière générale, les rapports apparents d'extériorité et de transcendance en rapports apparents d'intériorité et d'immanence. La notion du Dieu créateur et seigneur, vers qui clame le monde du fond de son néant, se résout en celle de la grâce, ou action divine présente au dedans de nous-même ; et la grâce, peu à peu, devient, non plus seulement le soutien, la loi de notre liberté, mais cette liberté même, aperçue ou pressentie dans son fonds de spontanéité, supérieure à ses conditions temporelles de détermination. En toutes choses le déterminé, le fini, le réel donné n'est plus que le symbole imparfait et fugitif de l'infini et de l'idéal.

La liberté que le mystique est ainsi amené à poser comme origine véritable de l'action et de la connaissance, ne saurait d'ailleurs être, à ses yeux, la forme abstraite d'un principe en lui-même indéterminé. Son expérience intime lui fait sentir en elle l'infinie générosité de l'amour ; car l'amour vrai n'a pas besoin de motifs, de conditions, pour se donner et se dévouer. Il ne rend pas le même pour le même, il n'attend pas qu'on ait mérité pour se répandre. Il donne de l'abondance du cœur, par bonté pure, sans peser, sans compter. Cet amour, non de soi en autrui, mais d'autrui en soi-même, amour plein et fécond où l'être se réalise en se donnant, est, aux yeux du mystique, le vrai moteur de l'univers. « La vierge éternelle, a dit Gœthe dans de beaux vers souvent traduits d'une manière ridicule, l'amour de dévouement et de sacrifice qui est l'essence divine du féminin, nous tire à soi vers les hauteurs. »

Das Ewig-Weibliche
Zieht uns hinan.

Cet amour idéal est le fond de l'être et le fond de nous-même. Nous ne sommes donc pas, malgré les apparences, étrangers les uns aux autres. « Insensé, disait Victor Hugo, qui crois que je ne suis pas toi ! » En vain les corps, qui sont dans l'espace, opposent-ils à notre désir de penser et de se sentir en commun l'impénétrabilité et l'irréductibilité de la matière. Dès cette vie les âmes se cherchent et se trouvent. N'est-elle pas vraie, la belle parole de Uhland, traduite en ces termes par Longfellow :

Yet what binds us, friend to friend,
But that soul with soul can blend ?

Cette doctrine d'une communauté originaire des âmes, d'un principe de vie, un, infini et parfait, où nous pouvons nous réunir, nous retrouver et atteindre chacun à notre plus complet développement, non aux dépens des autres êtres, mais grâce à leur développement même, principe que l'humanité appelle Dieu, cette doctrine nous apparaît comme le terme où aboutissent toutes les expériences et toutes les réflexions des mystiques.

III

Tels seraient les linéaments d'une psychologie subjective du mysticisme. La coordination remarquable de ces idées, leur efficacité sur les intelligences et les volontés en démontrent, à coup sûr, l'intérêt et la valeur. Mais nous ne pouvons nous empêcher de nous demander ce qu'il en resterait, si on les considérait, non plus du dedans, au point de vue du mystique lui-même, mais du dehors, au point de vue du pur savant, observateur impartial et indifférent de la nature humaine. Ces objets merveilleux, auxquels s'attache le mystique, existent-ils véritablement, ou ne sont-ils que des produits de son imagination, des projections subjectives de ses états d'âme ? Ces états d'âme eux-mêmes ont-ils, comme le croit le mystique, quelque chose de spécial, de supérieur, ou ne sont-ils que des variétés de phénomènes vulgaires ou même morbides ? Etudier ces questions serait aborder la psychologie objective du mysticisme.

Si l'on consultait, à cet égard, le mystique lui-même, je crois qu'il donnerait d'avance partie gagnée à l'objectivisme le plus intransigeant. Car il professe, quant à lui, que, vus du dehors, les phénomènes mystiques n'existent pas comme tels, qu'ils ne prennent leur signification que dans la conscience du mystique, comme expressions de la vie même qui se développe au fond de son âme. Le mystique croit que les facultés n'entrent en acte que chez ceux qui les exercent, et qu'il y a un mode de connaissance qui est une propriété de l'amour. Chez celui-là donc qui observe sans aimer, cette connaissance est impossible.

A celui qui, se plaçant à un point de vue purement objectif, nie la réalité des objets spirituels, le mystique répondrait, comme Faust à Méphistophélès :

In deinem Nichts hoff'ich das All zu finden :

« C'est dans ce qui, à tes yeux, n'est rien, que j'espère, moi, trouver le tout ! »

Or, il semble bien que, si l'on considère les choses du dehors, on doive ramener les phénomènes mystiques à deux affections de l'esprit qui, en effet, ne semblent guère compatibles avec la réalité des objets du mysticisme ; à savoir : l'auto-suggestion et le mono-idéisme.

Toute la vie du mystique est auto-suggestion. Lui-même le sait, et de ce procédé fait sa méthode. Il se donne premièrement une certaine idée, et il emploie ensuite tous les moyens qui s'offrent à lui pour transformer cette idée en force, en sentiment, en désir, en réalité intime et substantielle. Il se suggère de trouver méprisables les joies terrestres où il se complaisait, et infinies les joies spirituelles, qui lui paraissaient vides. Il n'est satisfait que lorsque l'idée, qui d'abord lui était extérieure, s'est incorporée à son âme et à ses membres.

Et de même, cette idée doit, dans la pensée du mystique, par son excellence, effacer toutes les autres. Le mystique travaille lui-même à libérer son âme de toutes les pensées étrangères, et il se croit arrivé au terme de ses efforts lorsqu'en effet, dans l'extase, une seule idée occupe, sans rivale, tout le champ de sa conscience.

Auto-suggestion et mono-idéisme, il n'y a rien de plus, objectivement, dans les manifestations du mysticisme,

Est-ce à dire qu'on n'y doive voir autre chose que des illusions individuelles, sans aucune réalité, sans aucune valeur universelle ? Une telle conclusion serait trop sommaire. Sans doute, l'auto-suggestion et le mono-idéisme se présentent souvent comme des états spéciaux, anormaux ou pathologiques. Mais il n'en est pas toujours ainsi. L'homme de génie, lui aussi, est possédé par une idée, se suggère de la trouver grande et belle, et en arrive à agir comme automatiquement d'après cette idée. Et ce n'est pas seulement l'homme de génie, encore voisin du mystique, qui offre des exemples d'auto-suggestion et de mono-idéisme. Ces deux phénomènes se rencontrent chez tout homme d'action, chez tous ceux qui se donnent à une cause, à une mission, à une tâche. Je crois bien que l'un et l'autre sont, en définitive, pour tout homme qui réfléchit, des conditions d'existence. A quoi bon vivre, pourquoi lutter, peiner, faire des efforts, si notre vie n'a aucune valeur ? Et comment être assurés que notre vie à une valeur, que l'univers est intéressé au maintien de cet éphémère assemblage d'atomes qui constitue notre individualité, si l'auto-suggestion ne vient ici combler les lacunes de la connaissance ? Je m'approuve de tenir à la vie, parce que je m'imagine que je suis bon à quelque chose. Et la concentration de nos facultés sur une idée unique n'est-elle pas, d'une manière générale, la condition, le principe même de l'action ? C'est dans la mesure où elles deviennent exclusives que nos idées cessent d'être de pures idées, pour tirer à elles les forces vives de l'âme et se changer en volontés et en actes.

On n'a donc rien énoncé qui détermine la valeur absolue du mysticisme, quand on l'a ramené à l'auto-suggestion et au mono-idéisme. Tout dépend de la valeur de l'idée que le mystique propose à la conscience comme objet suprême et exclusif. Cette idée est-elle l'expression plus ou moins symbolique d'une réalité, inaccessible peut-être, mais reconnaissable à ses effets puissants et bienfaisants comme l'idée du divin présent et agissant à laquelle un Beethoven rapportait ses sublimes créations ; ou doit-elle être assimilée aux vains mirages où se complaisent les imaginations maladives ?

Il semble bien que l'idée mystique, prise dans sa signification essentielle, soit de celles que l'on ne peut traiter comme de simples états d'âme, tout relatifs et subjectifs. Le seul fait qu'elle existe, avec les caractères que nous avons signalés, le fait qu'un grand nombre d'hommes, parmi lesquels des hommes supérieurs, s'y soient attachés et en aient vécu, pose au psychologue et au philosophe, entre autres problèmes, les deux suivants :

En premier lieu, y a-t-il pour nous, comme êtres conscients, outre la vie individuelle, une vie universelle possible, et, en quelque mesure, déjà réelle ? Notre conscience réfléchie et distincte, selon laquelle nous sommes extérieurs les uns aux autres, est-elle une réalité absolue, ou un simple phénomène, sous lequel se cache la pénétration universelle des âmes dans un principe unique ?

En second lieu, s'il y a ainsi pour nous deux existences, l'une développée et immédiatement visible, l'existence individuelle, l'autre encore presque inconsciente, mais supérieure, l'existence universelle ; quel est le rapport de ces deux existences, et quelle méthode devons-nous suivre pour amener la seconde à la pleine réalité ?

Beaucoup de mystiques s'en tiennent à la méthode ascétique, c'est-à-dire considèrent les deux existences comme contradictoires entre elles, et font de l'abolition de l'une la condition du développement de l'autre. Point de communauté, dans ce système, que par la destruction des individus, point de cité divine que par l'anéantissement de la cité humaine et naturelle.

Le mysticisme, toutefois, suggère l'idée d'une autre méthode. Si dès maintenant la vie individuelle et égoïste n'est pas la seule qui existe en nous, si déjà nous sommes secrètement unis les uns aux autres par notre participation commune à la vie de l'esprit universel, il n'y a pas lieu d'établir une incompatibilité entre la vie individuelle et la vie universelle. Elles sont conciliables, puisqu'au fond, dans une certaine mesure, elles sont déjà conciliées. Il serait possible, en ce cas, de dépasser la nature sans sortir de la nature. Les consciences individuelles pourraient, sans se briser, s'agrandir et se rendre pénétrables les unes aux autres. Et il serait donné à l'humanité de devenir une, sans que les individus, les familles, les nations, les groupes qui ont déjà une unité et dont l'existence est belle et bonne, fussent condamnés pour cela à disparaître. L'idée de Pascal serait réalisable : « L'unité et la multitude. Erreur à exclure l'une des deux. »

Si ces réflexions ont quelque fondement, il semble qu'une étude large et complète du mysticisme n'offre pas seulement un intérêt de curiosité, même scientifique, mais intéresse encore, très directement, la vie et la destinée des individus et de l'humanité.

RELIGION ET RAISON

Conférence faite à l'Ecole des Hautes Etudes Sociales,

le 4 mai 1913 (1)

(1) Extrait de la *Revue de Métaphysique et de Morale.*

RELIGION ET RAISON

Le problème des rapports de la religion et de la raison, si amplement et profondément étudié au moyen âge, renouvelé d'une façon originale par les philosophes modernes, de Descartes à Hegel, parut résolu définitivement, au XIXe siècle, dans la société et dans les consciences, par le système, alors adopté en toute matière, de la séparation des domaines. « Rendez à César ce qui est à César et à Dieu ce qui est à Dieu. » Il suffisait, dans ce système, d'assimiler la raison et la religion à deux territoires entre lesquels on dresse un mur infranchissable, pour mettre enfin un terme à une lutte tant de fois séculaire, et où tant de génie s'était déployé.

Mais cet expédient, commode aux esprits paresseux et aux consciences amies du confort, ne peut être la solution définitive du conflit, aux yeux de l'humanité pensante. Notre siècle en particulier qui est, par excellence, l'âge des communications matérielles et intellectuelles, ne peut manquer d'abattre cette séparation comme il supprime toutes les autres et de mettre la religion et la raison en demeure de se confronter mutuellement, de manière à créer entre elles un régime de droit véritable et non pas seulement un régime de fait érigé en droit.

Or, si de cette confrontation il résulte qu'il y a une contradiction véritable entre la religion et la raison, on invoquerait vainement, en faveur du *statu quo*, la complaisance singulière de l'imagination et du sentiment pour l'illogique et le contradictoire. Certes, l'imagination ne suit la raison que de loin, et en maugréant. Elle suit pourtant, tôt ou tard. De deux termes contradictoires, l'un, de par la raison, est appelé à disparaître. Si la raison maintient son attitude, l'imagination, d'abord récalcitrante, finit par s'adapter. L'adulte ne demande plus qu'on lui donne la lune.

Peu importe, par conséquent, que la question des rapports de la religion et de la raison ne se pose pas pour certains individus : elle se pose nécessairement pour l'esprit humain, aujourd'hui plus que jamais.

Ce n'est pas tout. La prétention, tant de la raison que de la religion, est telle, qu'il ne suffirait pas, pour établir entre elles une conciliation véritable, de les montrer comme compatibles l'une avec l'autre. La raison considère le rêve, en tant que rêve, comme compatible avec la perception de la réalité ; et, de son côté, la religion ne prendrait nul ombrage d'une raison qui, d'elle-même, s'enfermerait dans le monde visible, sans nier la possibilité, pour l'homme, d'entrer en rapport avec un monde invisible.

Il suffirait, pour que religion et raison fussent jugées compatibles, qu'elles fussent conçues comme n'ayant entre elles rien de commun. Mais, dans ce cas, chacune d'elles, ignorant totalement l'autre et s'en passant, n'en reconnaîtrait qu'en paroles l'existence et la valeur. La religion pourrait fort bien n'être, pour la science, qu'une poésie prise naïvement pour une réalité, et la science n'être, pour la religion, qu'une connaissance des lois de la matière, indifférente à qui s'occupe de l'esprit.

Pour que chacune de ces deux puissances reconnaisse effectivement la légitimité de l'autre, il faut qu'on puisse montrer entre elles, non seulement une compatibilité qui n'est encore qu'un accord négatif, mais un accord positif, c'est-à-dire une certaine connexion, participation mutuelle, solidarité, communauté. Les idées vraies, disait Platon, ont ce caractère, de se marier entre elles. Une idée qui serait sans parenté avec les autres ne serait qu'une abstraction, et non une réalité vivante.

Religion et raison sont-elles, en ce sens, non seulement compatibles, mais solidaires ?

*
* *

La méthode que l'on emploie en général pour résoudre ce genre de problèmes consiste à poser une définition de chacun des deux termes, et à comparer ensuite ces définitions l'une avec l'autre. On peut appeler cette manière de procéder la méthode conceptuelle.

Il est assez aisé, en suivant cette méthode, de démontrer l'accord de la raison et de la religion. Il suffit, par exemple, de définir la religion un ensemble de dogmes dont tout le contenu se ramène à la morale, et de définir la raison la faculté de concevoir les principes universels et nécessaires, pour qu'aussitôt se manifeste une harmonie parfaite entre la raison et la religion.

Malheureusement, il suffirait, inversement, de définir la raison le pouvoir et le droit de penser uniquement par soi-même, et la religion l'obéissance passive à une autorité despotique, pour faire éclater immédiatement une incompatibilité radicale entre la religion et la raison.

La séduction qu'exerce une pareille manière de raisonner vient de sa clarté et de sa rigueur logique. Le vice, c'est que ces définitions, si nettes, si exactement circonscrites, si bien faites pour la déduction logique, sont, le plus souvent, posées par un décret de l'entendement, ou même de la volonté, bien plus que tirées docilement de la réalité elle-même. Elles sont donc insuffisamment fondées; et il n'est que trop juste de dire que, sans qu'on y prenne garde, elles sont souvent imaginées pour les besoins de la cause même que l'on a en vue. Clarté, logique ne sont pas, à elles seules, synonymes de vérité. La conformité à la réalité en est une condition plus essentielle. Sans doute, nous ne pensons qu'avec des concepts. Mais rien ne prouve que les choses soient elles-mêmes des concepts. La traduction des choses en concepts est l'œuvre difficile et délicate par excellence. Il est particulièrement dangereux de poser d'abord des concepts précis, quand il s'agit de saisir des choses qui, par essence, sont vie et activité, telles que la raison et la religion. Qui sait si la religion, en particulier, n'est pas, précisément, l'effort de l'âme pour s'évader de toute forme d'existence exprimable par un concept, et pour s'élancer dans cette région étrange, que l'on nomme l'infini ?

Il est une seconde méthode, fort estimée de tout temps, et peut-être aujourd'hui surtout, de mettre d'accord la religion et la raison. C'est de se placer sur le terrain dit pragmatiste, où, seule, l'efficacité est principe de vérité, et de montrer qu'à ce point de vue la religion doit être tenue pour véridique, au même titre que la raison. En vain notre entendement, selon le pragmatisme, prétend-il connaître une vérité qui serait antérieure à la possibilité pratique : une telle vérité ne pourrait être déterminée qu'arbitrairement. C'est le possible qui est premier : le vrai, c'est la méthode, relativement générale, que crée le possible en se réalisant. Une idée vraie est une idée qui réussit, une idée qui paie. C'est parce qu'elle paie qu'elle est vraie, non parce qu'elle est vraie qu'elle paie.

Ceci s'applique à la raison. Si cette faculté est considérée comme digne de foi, c'est, en réalité, uniquement, parce que ses suggestions nous orientent dans le monde où nous vivons, parce qu'elle nous est, dans nos rapports avec les hommes et avec les choses, un guide utile et sûr, en général.

Or, ce même caractère, qui nous fait apprécier la raison et la qualifier de véridique, se retrouve dans la religion. Elle aussi, à sa manière, nous aide à vivre convenablement et heureusement. Elle soulage nos souffrances, morales et même physiques, comme fait la science, et parfois mieux qu'elle ; elle illumine notre existence par le sens sublime qu'elle lui donne ; elle nous propose un idéal qui nous dépasse comme infiniment, et elle nous communique la force nécessaire pour travailler à le réaliser. Il en est donc de la religion comme de la raison ; et justifier l'une, c'est justifier l'autre. Croire à la religion et croire à la raison n'est qu'une seule et même manière de penser : c'est vouloir vivre la vie la plus pleine et la plus haute possible, et adopter les divers moyens qui s'offrent à nous de réaliser cette fin.

Doctrine simple et claire en apparence, sujette, pourtant, à plusieurs objections.

Le point de vue où se place cette doctrine, c'est celui de l'empirisme radical. Une expérience, au sens anglais de chose éprouvée, vécue, vaut une expérience. Or c'est un fait d'expérience, en ce sens, que la raison nous guide utilement ; et c'est, pareillement, un fait d'expérience, que la religion nous console et nous fortifie : ces constatations sont sur la même ligne.

Il est bien difficile, pourtant, que l'homme qui a été initié à la science admette ce point de vue. La science n'est pas seulement une connaissance, c'est aussi une éducation. C'est, avant tout, la préoccupation de distinguer entre l'expérience brute et l'expérience scientifique. Certes, tout fait est, pour la science, une donnée inviolable et sacrée ; mais la question est d'interpréter cette donnée, de savoir si elle doit être maintenue, par la conscience critique du savant, telle qu'elle apparaît à la conscience spontanée de l'individu. Un fait scientifique se distingue, en ce sens, d'un fait pur et simple. Celui-ci ne représente, aux yeux du savant, qu'un problème à étudier, à savoir un sentiment subjectif, qu'il s'agit de résoudre en éléments objectifs, valables pour toute intelligence. L'homme qui, par la pratique de la science, a acquis le sens de l'expérience critique et objective, ne peut plus confondre avec elle l'expérience brute et instinctive : celle-ci, telle qu'elle se présente, ne comporte de vérité que relativement au sujet sentant : il est incontestable que j'éprouve telle impression, que je suis attaché à telle croyance. Mais, seule, l'expérience scientifique démêlera, dans cette masse chaotique de données, quelques rapports, qui, par leur généralité, mériteront d'être conçus comme des liaisons objectives, indépendantes de l'imagination de l'individu.

Si donc l'expérience religieuse a une valeur indéniable, non moins que l'expérience scientifique, ce ne saurait être en tant qu'elle se présente comme semblable à cette dernière ; car la différence, aux yeux du savant à tout le moins, est radicale. Mais on croit pouvoir démontrer qu'en dernière analyse, le savant lui-même admet le critérium pragmatiste. Car, allègue-t-on, nulle idée, en somme, non pas même l'idée scientifique, n'est dite vraie, sinon parce qu'elle produit des résultats qui nous satisfont : *it works satisfactorily.*

Cette formule sera, sans doute, généralement admise. Mais on demandera à distinguer entre les satisfactions, à dresser une échelle des valeurs. Et au sommet de cette échelle on placera la satisfaction causée par la vérité elle-même, dont le pragmatisme ne voudrait faire qu'une qualité seconde de nos idées. L'homme est ainsi fait, que la plus haute satisfaction pour lui, c'est de se savoir en communion avec le vrai en soi, avec un être dont l'existence doit être admise par toute intelligence comme par la sienne. C'est cette vérité intrinsèque de l'idée qui fait, pour nous, son prix. Que si, en outre, l'idée nous est utile dans la vie pratique, c'est, estimons-nous, précisément, parce qu'elle est en conformité avec les lois inhérentes à la nature : elle est efficace parce qu'elle est vraie, elle n'est pas vraie parce qu'elle est efficace.

La conciliation pragmatiste de la raison et de la religion recèle sans doute, chez ses plus profonds représentants, une part de vérité.

Mais, sous sa forme commune, elle échappe difficilement au reproche de cercle vicieux.

Ainsi, il semble malaisé de réfuter l'opinion suivant laquelle religion et raison représentent des tendances contradictoires, et ne peuvent manquer de se combattre de plus en plus, jusqu'à ce que l'une détruise entièrement l'autre.

Cependant, jetons les yeux sur l'histoire morale de l'humanité. Ne nous montre-t-elle pas la raison et la religion, en même temps que souvent elles se combattent, influant, en fait, l'une sur l'autre, et tendant, non sans doute à se confondre, mais à se rapprocher l'une de l'autre ?

Que la raison agisse sur la religion, s'y introduise, dans une certaine mesure, s'y fasse une place, dont la religion même se plaît à se glorifier, c'est ce qui est généralement admis.

Xénophane se moquait de l'anthropomorphisme grossier des croyances populaires : le paganisme tel qu'il se maintint dans la société cultivée, distingue, avec les Stoïciens et les Alexandrins, entre la lettre et l'esprit, et ne voit plus que des allégories poétiques, inventées par l'imagination des hommes, dans les plus antiques et vénérables traditions religieuses. Après que les Pères de l'Eglise chrétienne eurent rapproché le christianisme de la philosophie grecque, la scolastique prit pour devise : *Fides quærens intellectum*, visant ainsi à une alliance avec la raison, que devait un jour lui reprocher Luther. Il n'est guère de religion consciente d'elle-même qui n'admette une apologétique. Or une apologétique est nécessairement un appel à la raison. Que de croyances ou de rites religieux, en fait, tombent en désuétude, parce qu'ils se trouvent en contradiction trop sensible avec ce que la raison, décidément, tient pour certain et pour inviolable !

Cette influence de la raison sur la religion est-elle la seule forme de leurs rapports ? Si la raison, dans une certaine mesure, modèle la religion, la réciproque ne se produit pas moins.

La raison, telle que la conçut Parménide, est un véritable culte du divin et de l'être. Puis Platon et Aristote, se persuadant que l'intelligence active, la causalité et la vie ne peuvent manquer d'appartenir eux aussi à Jupiter, assouplissent la raison de manière à lui faire comprendre le multiple, le mouvement et l'action, non moins que l'un et l'immobile. La raison de Descartes s'élargit encore, et la religion ne fut pas étrangère à ce progrès. Le dieu du christianisme, en effet, n'est pas seulement parfait et vivant : il est créateur universel et infini. La raison, qu'un secret instinct conduit à adopter ces croyances, se travaille, chez Descartes, pour concevoir l'infini comme intelligible. Elle modifie, elle agrandit la notion d'intelligibilité. Elle tiendra désormais pour intelligibles toutes les idées qui, prises en elle-mêmes indépendamment de leurs relations avec les autres, c'est-à-dire de leur intelligibilité relative, apparaissent à la pensée pure comme évidentes. Quant aux rapports de ces idées entre elles, il suffira, si nous ne les pouvons apercevoir immédiatement, que nous comprenions qu'ils sont fondés en Dieu. Ainsi se rejoignent, par exemple, l'idée d'étendue et l'idée de pensée, l'idée d'entendement et l'idée de libre arbitre. La philosophie de Leibnitz, celle de Kant et celle de Hegel représentent, elles aussi, une série d'efforts pour adapter la raison à la religion, selon le mot de Raphaël : « Comprendre, c'est égaler. » Leibnitz conçoit une intelligence du compossible, de l'harmonie, supérieure à l'intelligence de l'abstrait, du possible logique ou mathématique. Kant a besoin d'une raison pure, non seulement spéculative, mais spécialement pratique, pour comprendre la possibilité du devoir, expression de la religion dans la conscience. Hegel, qui veut comprendre la réalisation de la parole : Père, que ton règne vienne sur la terre ! superpose à la logique de la contradiction et de l'exclusion mutuelle la logique de la synthèse, où les contradictoires se muent en membres d'un même tout : d'où le nom de *rationnelle Mystik* donné par Ludwig Feuerbach à son système. L'histoire de la raison consiste dans son progrès, à partir d'une raison purement logique et abstraite, vers une raison munie de principes qui lui permettraient de comprendre les formes les plus diverses et les plus hautes de l'être. C'est, notamment, sous l'influence de la religion, que la raison s'est ainsi assouplie et agrandie.

Il doit donc exister entre la raison et la religion un autre rapport que celui de l'incompatibilité et de l'exclusion mutuelle. Pourtant, c'est un fait, que religion et raison se sont combattues et se combattent impitoyablement.

Comment résoudre cette antinomie ?

*
* *

D'un côté, religion et raison s'excluent, de l'autre elles se pénètrent mutuellement. Les mots de raison et de religion sont-ils bien pris, ici et là, dans le même sens ?

Si nous considérons l'histoire intellectuelle de l'humanité, nous observons, si je ne me trompe, une dualité de points de vue qui s'y est peu à peu manifestée, et qui ne semble pas près de s'effacer. D'une part, la science s'est distinguée de l'action, et s'est efforcée de réduire les réalités en concepts, en en dégageant les caractères généraux. D'autre part, l'humanité a continué de vivre, et, dans sa manière d'agir, elle ne s'est inspirée que partiellement des définitions et démonstrations formulées par la science. Les historiens, les psychologues, les sociologues peuvent déterminer très savamment la notion de la liberté ou de l'égalité qui répond à l'ensemble des faits donnés par l'histoire. Mais ce n'est pas cette notion qui soulève les hommes. C'est la liberté, telle qu'ils la rêvent, telle qu'ils se la représentent, telle qu'ils la vivent par l'imagination : mélange étrange de pensée, de sentiment, d'élan, individuel et collectif. Les esprits déliés disent que ce ne sont là que des mots, et ils analysent curieusement la puissance invraisemblable de quelques syllabes dénuées de sens, par quoi sont mues des masses d'hommes, et qui déterminent tant d'actions énormes, sublimes ou exécrables. Mais les savants sont dupes de leur intellectualité abstraite, quand, dans la liberté telle que les hommes effectivement la cherchent, ils ne veulent voir qu'un mot : cet objet est l'anticipation d'une réalité que les hommes embrassent et poursuivent avec tout leur être : avec leur cœur, leur imagination et leur volonté, aussi bien qu'avec leur intelligence.

Et, d'un bout à l'autre de l'histoire, ce qui agit, ce qui est, ce ne sont pas les abstractions logiques des savants, ce sont les aspirations, plus ou moins confuses, des hommes d'action. Les héros de l'histoire ignorent les lois dites historiques ou sociologiques ; peut-être leur ignorance même est-elle une partie de leur héroïsme.

Faut-il dire, purement et simplement, que l'action retarde sur la connaissance, et que, peu à peu, elle se réglera, non plus sur des sentiments confus, mais sur de claires théories ?

Il paraît plus juste de distinguer deux modes de représentation des objets : le concept et l'idée. Le concept, c'est le genre sous lequel on peut ranger tous les cas jusqu'ici donnés, ou plutôt connus de la chose en question ; l'idée, c'est la forme la plus parfaite dont soit susceptible un être ou une manière d'être. Les savants visent le concept ; les hommes, pour agir, fixent les yeux sur l'idée, telle qu'elle leur apparaît. C'est la distinction que fit Platon, et d'où naquit la métaphysique. Elle est, certes, donnée par l'histoire et par la vie. Le difficile, c'est de déterminer l'idée d'une manière qui ne paraisse pas arbitraire et purement individuelle.

Elle ne peut être définie suivant une méthode purement *a posteriori*, puisqu'elle précède sa réalisation. Mais elle ne peut être imaginée arbitrairement, puisqu'elle doit se réaliser dans ce monde, et être douée d'une valeur certaine et supérieure à celle du donné.

Il semble que le procédé employé par l'esprit humain pour concevoir l'idée, en tant que distincte des concepts, consite à combiner les enseignements de l'expérience, de l'histoire et de la science avec le sens de l'être et de la perfection qui se développe dans les esprits, grâce à l'expérience de la vie et à la communion des intelligences et des volontés. Une grande idée, c'est une idée, à la fois suggérée par le passé, et capable de former et de grandir les générations futures.

La distinction que nous venons de faire s'applique, semble-t-il, à la raison.

Si l'on se demande en quoi consiste l'élément le plus évidemment commun à toutes les pensées dites raisonnables, on trouve cet élément dans l'effort de l'esprit pour éviter la contradiction. Le concept de raison a pour contenu, en ce sens, la nécessité d'unir les termes entre lesquels il existe un rapport d'identité, et d'opter entre les termes qui se contredisent.

Mais déjà la raison commune est tout autre chose que ce jeu logique. Lorsque l'on dit à un enfant : « Sois raisonnable », on n'entend pas lui dire simplement qu'il doit syllogistiquement conformer sa conduite à telle règle conceptuelle, et en exclure telle manière d'être également exprimable par une formule. On l'exhorte à conformer sa conduite à la raison même, comme à une puissance vivante, plus large et souple que toute formule, de juger du vrai et du convenable. Et c'est précisément cette raison, irréductible aux concepts, déterminée cependant et source de règles, que les métaphysiciens se sont efforcés de pénétrer, de cultiver et de développer. Pour conclusion de la morale que je m'étais tracée, écrit Descartes, dans la troisième partie du *Discours de la Méthode*, je résolus d'employer toute ma vie à cultiver ma raison. Il est clair qu'il ne veut pas parler de la faculté d'ordonner les concepts suivant les rapports d'identité et de contradiction, et de faire des syllogismes, lesquels, selon lui, en eux-mêmes, ne prouvent que la vraisemblance, non la vérité, et peuvent bien servir à exposer les connaissances acquises, mais non à en acquérir de nouvelles. La raison, à l'étude et à la formation de laquelle se sont consacrés les philosophes, n'est pas simplement la faculté d'unifier les concepts en vertu des principes d'identité et de contradiction. C'est, essentiellement, la puissance de découvrir, non plus en des termes abstraits, mais entre les êtres eux-mêmes, des rapports de convenance ou d'harmonie, qui établissent entre eux une intime solidarité, sans dissoudre leur essence originale et individuelle.

Cette raison peut être dite concrète et vivante, à la différence de la raison du pur logicien, qui n'opère que sur des cadres rigides et artificiels. La raison de l'enfant, celle du métaphysicien est la raison telle qu'elle existe effectivement : la raison du logicien est la forme idéalement vide de la première, la limite, réalisée par abstraction, de l'effacement graduel des caractères individuels et irréductibles que possède toute substance réelle. Πᾶσα οὐσία δοκεῖ τόδε τι σημαίνειν. L'individuel, l'être, est avant le général et l'abstrait, et ne saurait s'y ramener.

Or il semble que la raison purement logique ne représente que le concept de la raison, tandis que la raison vivante et concrète, qui cherche des rapports de compossibilité harmonieuse, et non pas seulement d'inclusion et d'exclusion, répond à ce que l'on peut appeler l'idée de la raison.

S'il est légitime de distinguer ainsi entre le concept et l'idée de la raison, la même distinction n'est elle pas permise en ce qui concerne la religion ?

Le concept de la religion, c'est ce que l'analyse dégagerait de la comparaison de toutes les religions passées, présentes à venir, comme constituant leur élément commun. Tâche infinie, et pourtant insuffisante à qui demande des lumières en vue de la vie pratique. Nous voulons vivre la vie la plus haute et la plus belle, non la plus banale. Donc, laissant à la science le soin de connaître et de formuler, de plus en plus adéquatement, ce qui fut, nous ferons comme tous ceux qui ont agi : nous déterminerons par nous-mêmes notre idéal, en utilisant, certes, les connaissances acquises, mais aussi en nous inspirant de ce que nous pouvons concevoir de plus haut et de plus parfait.

L'essence de la religion a été, en ce sens, déterminée par Pascal d'une manière qui paraît répondre excellemment, aujourd'hui encore, à l'aspiration des consciences religieuses: « Dieu, dit-il, ne peut être la fin, s'il n'est le principe. » Ce qui veut dire : Il y a deux manières de concevoir le rapport entre le pouvoir et le devoir. On peut faire du premier la mesure du second, et prendre pour maxime : *Nemo ultra posse tenetur :* C'est alors l'homme enfermé dans la nature, s'en contentant, et traitant de chimère tout ce qui la dépasse.

On peut aussi, au contraire, considérer le devoir comme s'imposant à la volonté des êtres raisonnables, en vertu de sa propre valeur et vérité, indépendamment des facultés dont peut disposer cette volonté pour le réaliser. Or la religion consiste à croire que, même dans ce cas, l'accomplissement du devoir est obligatoire et possible, parce qu'il existe un être en qui l'être et le devoir être ne font qu'un, et que cet être nous communique sa puissance surnaturelle.

Entre ces deux conceptions il n'y a pas de milieu. On ne peut, posant comme fin une perfection surnaturelle, déclarer que la nature nous suffit pour y atteindre. Si nous nous donnons comme but de nous faire dieux, il nous faut demander à Dieu même la force de nous unir à lui. L'idéal, comme fin et la nature comme unique moyen, ce n'est pas l'exaltation de l'homme, c'est, pour lui, l'humiliation et le désespoir.

La religion, c'est, réalisée, donc réalisable, une perfection que la nature, à elle seule, ne permet, ni d'atteindre, ni même de concevoir.

C'est en ce sens que le philosophe américain Emerson a écrit :

So nigh is grandeur to our dust,
So near is God to man,
When duty whispers low, Thou must,
The youth replies, I can !

Et Gœthe, à la fin de la seconde partie du Faust :

Das Unzulängliche
Hier wird's Ereignis ;
Das Unbeschreibliche
Hier ist's getan.

Et ces paroles ne sont autre chose que le commentaire du mot de l'Évangile dans la prière que le Christ enseigne à ses disciples :

Γενηθήτω τὸ θέλημά σου ὡς ἐν οὐρανῷ καί ἐπὶ γῆς

Comment ne pas considérer comme éminemment religieux ce qui est l'âme même du christianisme ?

*
* *

Si telle est, non le concept, mais l'idée, et de la raison et de la religion, ne pouvons-nous concevoir, entre elles, un autre rapport que celui d'une séparation absolue, désormais impraticable, ou celui d'une exclusion mutuelle, qui étonne la conscience humaine, ou celui d'une réduction pure et simple de l'une à l'autre, qui rendrait l'une des deux méconnaissable ?

Entre l'idée du vrai et l'idée du bien, Platon voyait un rapport de participation, qui laissait à chacune des deux idées sa réalité et son originalité. Un rapport analogue n'est-il pas concevable entre l'idée de la raison et l'idée de la religion?

Réduite à sa forme vide, simple machine à constater l'identité ou la contradiction, la raison semble se suffire. En réalité, elle en est incapable, parce qu'elle ne peut identifier ou exclure, que si des termes lui sont donnés. Mais il est clair que la raison, envisagée dans son idée, et non pas seulement dans son concept, ne se suffit pas. Elle vise, non plus la réduction des choses les unes aux autres, mais leur conciliation et leur combinaison, en une sorte de synthèse, qui, tout en les unifiant, maintienne et développe encore leur individualité. Or, ainsi que l'ont montré Kant et Hegel, une telle synthèse suppose un point d'appui, une règle, un principe, sans quoi elle ne serait autre chose qu'un rapprochement matériel, sans originalité, sans valeur, sans garantie contre une confrontation brutale avec le principe de contradiction, lequel demeurerait premier.

Ce n'est pas tout. La raison, en prescrivant aux êtres de la nature, non seulement de persévérer dans leur être, mais encore de s'unir les uns aux autres pour former des touts supérieurs, leur demande, en réalité, de se dépasser, de sortir d'eux-mêmes, de devenir autres, tout en restant eux-mêmes. Mais une telle puissance appartient-elle à la nature comme telle ? Et n'est-il pas nécessaire, si quelque être veut ainsi se surpasser, qu'il en puise la force à quelque source supérieure ?

Il paraît juste de dire que la raison elle-même, pour opérer ce qu'assez grossièrement l'on nomme ses synthèses, pour unir harmonieusement, non plus des concepts, mais des êtres, et cela, non seulement en théorie, mais en fait, c'est-à-dire pour réaliser sa tâche, et en pensée et en action, requiert une puissance plus haute qu'elle-même. L'homme passe l'homme, selon le mot de Pascal. Sa raison appelle, et une idée suprême, et une puissance capable de réaliser cette idée:

Qu'est-ce à dire, sinon que, loin d'exclure la religion, elle s'en reconnaît solidaire. La réalité de Dieu et son rapport au monde, qui sont les deux dogmes fondamentaux de la religion, fournissent à la raison les deux principes qu'elle postule.

Livrée à elle-même, la raison ne pourrait franchir le domaine du formel et de l'abstrait. Après même qu'elle aurait été fécondée par l'action du principe de vie, elle réduirait en scolastique les intuitions du génie, et transformerait de nouveau le concret en abstrait. Tandis qu'elle préconiserait l'harmonie et le progrès, elle ne pourrait, en fait, réussir à donner une forme déterminée et digne d'amour au modèle de cette harmonie, non plus qu'à susciter en elle-même la puissance de réaliser ce modèle dans notre monde. La religion, en posant l'acte avant la puissance, met fin aux hésitations et aux doutes de la raison. La perfection où celle-ci aspire est possible, puisqu'elle est.

C'est ainsi que la raison trouve sa satisfaction dans la religion.

Que dire, maintenant, de la religion elle-même ? Peut-on admettre qu'elle plane dans un monde entièrement séparé du nôtre, et n'ait que faire de s'accorder avec la raison ? Ses décrets sont-ils, pour celle-ci, comme des coups d'État, en face desquels elle ne puisse qu'obéir passivement ou protester ?

La religion n'est pas la contemplation pure et simple d'une perfection transcendante et inaccessible, comme le supposait Epicure : c'est le royaume de Dieu se réalisant sur la terre, c'est Dieu appelant à lui les hommes, et leur communiquant la force d'obéir à son commandement.

Mais serait-ce vraiment grandir, exalter, ennoblir la nature humaine, que de la transformer du tout au tout, en faisant abstraction de ce qui constitue son essence : la raison ? L'être qui surgirait par suite d'une telle intervention du créateur tout-puissant pourrait être supérieur à l'homme : ce ne serait plus un homme. Plus qu'une transformation, ce changement serait la substitution d'un être à un autre. Seule, la persuasion peut améliorer une personne. L'abolition de la raison la supprime, donc elle supprime l'idée même de la religion.

Aussi le christianisme enseigne-t-il que, pour que l'homme pût devenir Dieu, Dieu s'est lui-même fait homme.

Et la même religion nous présente la raison, le λόγος comme étant, de toute éternité, non seulement avec Dieu mais Dieu même.

Comment la religion peut-elle satisfaire la raison, tout en demeurant elle-même ?

Elle satisfera la raison si elle est orientée vers les problèmes mêmes que notre science et notre vie posent à notre réflexion. Dieu n'est pas un être étranger à la création, il est adoré comme père. La religion vraie a donc ce premier caractère, de féconder et de fortifier l'esprit de l'homme, en vue de son travail naturel et humain. « Personne, lisons-nous dans les *Épîtres* de saint Jean, n'a jamais vu Dieu. Si nous nous aimons les uns les autres, Dieu demeure en nous, et son amour est réalisé en nous. »

Si la raison, pour se réaliser, cherche en Dieu un point d'appui, la religion, en tant qu'elle accomplit son œuvre, s'unit à la raison pour l'attirer vers elle. Notre pensée, disait Pascal, constitue notre dignité. Nous ne sommes que des roseaux en face des forces de la nature, mais nous sommes des roseaux pensants. Instinctive ou réfléchie, notre pensée cherche Dieu, et nous reconnaissons que Dieu vient à nous, tout d'abord à ce signe, que nous pensons plus profondément et plus efficacement.

C'est ainsi que l'on peut concevoir un rapport intelligible entre la religion et la raison. Celle-ci est l'intermédiaire entre la nature et Dieu, entre la science et l'être. Dieu est un être ; les phénomènes de la nature sont produits par des êtres. La raison est la puissance de considérer en eux-mêmes les rapports des êtres. Elle démêle l'ordre qui existe dans le monde, et travaille, d'après des suggestions supérieures, à réaliser dans le monde humain un ordre meilleur que l'ordre purement naturel.

Comment nommer, comment définir, au juste, le rapport qui existe, en ce sens, entre la raison et la religion ? C'est ce qu'il serait malaisé de dire sans aborder de laborieuses recherches. Si, déjà, la logique pure éprouve de grandes difficultés à définir les rapports relativement simples qu'elle considère, combien n'est-il pas plus difficile de définir les rapports, beaucoup plus subtils et variés, qui peuvent exister entre les êtres ! La métaphysique s'y est appliquée, et son œuvre ne comporte évidemment que des approximations successives. Le rapport que nous avons déterminé est, en gros, un rapport de participation mutuelle. Mais il ne rentre exactement dans aucune catégorie générale. Il est seul de son espèce, *sui generis*, comme disent les logiciens, parce que la raison et la religion n'ont point de semblables.

*
* *

En somme, il y a, dans l'interprétation des différences de points de vue qui se manifestent parmi les hommes, deux attitudes très différentes. On peut, faisant, de la logique pure, tout le fond de la pensée, réduire les opinions diverses en concepts exacts, et les réunir ensuite ou les séparer, selon leurs rapports d'identité ou de contradiction. Cette manière d'opérer satisfait notre goût d'unité, d'uniformité, de clarté, d'ordre matériel et définitif. Il n'est pas rare de voir ceux-là mêmes qui adoptent cette méthode préconiser en même temps la liberté de penser et la tolérance. Mais on ne voit pas comment il s'agirait, pour ces esprits, d'autre chose que d'une tolérance relative et provisoire. Ils sont en possession de la vérité, et ils n'admettent d'autres rapports entre les choses que l'identité et la contradiction. Donc, qui ne pense pas comme eux est dans le faux, il est absurde d'admettre que le faux ait les mêmes droits que le vrai. Tolérerait-on sérieusement qu'un homme soutînt que 2 et 2 font 5 ?

Mais il est une autre attitude: celle qui consiste à admettre que le divers, l'irréductible, le multiple, l'individuel, est réel et légitime. C'est ainsi qu'Aristote faisait l'individuel antérieur, en droit, au général. A ceux qui pensent ainsi, nulle formule générale ne peut apparaître comme le type unique de l'être et de la vérité. Il y a, véritablement, des êtres différents, et subsistant comme individus ; et les rapports concrets qui existent entre ces êtres, s'ils ressortissent, eux aussi, à l'intelligence, sont appréhendés par cette activité de l'intelligence qui pense le contingent, et non plus seulement le nécessaire logique.

Ceux qui conçoivent de la sorte la légitimité du divers et de l'individuel pratiquent une tolérance, non plus relative et provisoire, mais absolue et définitive. Ou plutôt, considérant que les opinions des hommes ne sont jamais que des aperçus partiels, et non des connaissances complètes, ils éprouvent, à l'égard des autres hommes, en tant précisément que ceux-ci sont autres qu'eux-mêmes, respect, désir de comprendre, sympathie.

Aujourd'hui comme dans l'ancienne Grèce, à propos du rapport de la religion et de la raison, comme à propos de tous les antagonismes que nous présente la vie humaine, la manière la plus haute et la plus pratique de poser les problèmes paraît être celle-là même qu'indique un vers célèbre :

Πῶς δέ μοι ἕν τι τὰ πάντ' ἔσται καί χωρὶς ἕκαστον ;

« Comment faire pour que tout soit un, et que chaque chose soit un tout ? »

L'ESSENCE DE LA RELIGION [1]

(1) Publié dans la *Revue politique et littéraire* (*Revue Bleue*) du 25 mai 1912.

L'ESSENCE DE LA RELIGION

L'une des questions qui, à l'heure actuelle, passionnent et divisent le plus les esprits est, sans doute, celle de la situation et de l'avenir des religions. Les opinions les plus diverses, les plus contradictoires sont soutenues avec une érudition et une vigueur dialectique qui ne paraissent être le privilège d'aucune école. Et il s'en faut de beaucoup que l'on soit à la veille de s'entendre et de se comprendre.

Cette extrême contrariété d'appréciation ne tient pas seulement à la nature spéciale du sujet, où, plus aisément, plus nécessairement peut-être que partout ailleurs, le sentiment revendique une part dans le jugement : elle vient aussi, semble-t-il, de cette circonstance, qu'en général, avant de disserter sur la permanence ou la décadence des religions, on omet de se demander en quoi consiste au juste la religion, quelle en est l'esence. Mais que signifie la contradiction radicale qui se manifeste entre les affirmations des uns et les négations des autres, si ceux-ci et ceux-là ne parlent pas de la même chose ? Dès que l'on se hasarde à prononcer les mots de progrès ou de décadence, n'est-il pas indispensable, si l'on veut dépasser les apparences, si souvent trompeuses, de s'être interrogé sérieusement sur l'objet précis dont on recherche le degré de vitalité ?

Or, il faut reconnaître qu'à celui qui se propose de déterminer, impartialement et d'une manière valable pour tous, l'essence du phénomène religieux, le problème apparaît singulièrement difficile.

La méthode qui se présente d'abord à l'esprit consiste

à observer toutes les religions existantes, et à chercher ce qu'elles ont de commun.

Mais les religions qui ont été et qui sont encore pratiquées par les hommes sont innombrables, et présentent toutes les variétés imaginables et inimaginables. Beaucoup ne consistent guère qu'en cérémonies, certaines proscrivent presque les cérémonies. Celles-ci sont tout extérieures, celles-là tout intérieures. Les unes admettent des dieux, ou un dieu : les autres sont athées. Dans celles-ci les hommes ont besoin des dieux, dans d'autres ce sont les dieux qui ont besoin des hommes. Telle religion est surtout une morale : de nombreuses religions sont étrangères à toute idée de morale. Tels dieux sont tolérants ou accueillants à l'égard des autres dieux : tel, au contraire, concentrant en soi toute la puissance et toute la perfection, n'admet pas d'autre dieu devant lui. Il est des religions qui poussent l'homme à l'action, à la guerre, à la conquête : il en est qui lui prescrivent le renoncement, l'abstention, le détachement de toutes choses. Les unes promettent l'immortalité, les autres dépouillent l'homme du désir de vivre et de sentir.

Que sera la matière commune à tant de formes profondément diverses, sinon un concept à peu près vide, un mot, une étiquette ? Quel intérêt y a-t-il à s'interroger sur la destinée d'une chose dont on ne peut essayer de déterminer la nature sans qu'aussitôt l'érudition intervienne pour vous prouver que, trop étroit, votre champ d'observation ne permet aucune conclusion générale ?

Mais à cette méthode purement logique et abstraite, ne suffit-il pas de substituer la méthode historique, pour être en mesure d'obtenir des conclusions valables ?

L'histoire établit entre les choses une différence capitale : elle distingue celles qui sont vivantes et celles qui sont mortes. La démocratie, la science, l'art sont choses vivantes : l'astrologie, les sacrifices humains, l'esclavage, encore que subsistant çà et là, appartiennent au passé. L'histoire enregistre les changements qui se sont produits dans l'ensemble des conditions de la vie humaine. Les institutions qui sont incompatibles avec les conditions de la vie moderne, si elles paraissent subsister, ne sont, en réalité, que des survivances de formes d'existence dépassées, et doivent disparaître.

Doctrine très claire et très plausible, d'autant qu'elle rapproche l'humanité de ce qui nous est le plus familier : l'être vivant. Il est certain que nous n'avons pas encore trouvé le moyen de ressusciter les morts. Mais la question est précisément de savoir si, dans le domaine spirituel, les mots de mort et de vivant s'appliquent avec autant de sûreté que dans le domaine biologique. Je lis dans un article de M. William Knight sur la méthode historique en philosophie (1) : « Soit en philosophie, soit en art, en matière de vie sociale, de politique, ou de religion, les meilleures choses, au cours de leur évolution, deviennent, quelque jour, surannées. Il faut qu'elles meurent pour renaître, en une incessante palingénésie. » Si l'on ne peut dire que, dans l'ordre spirituel, la naissance, nécessairement, appelle la mort, et celle-ci la renaissance, il reste vrai que le progrès, en mainte occasion, consiste à rappeler à l'existence, en l'adaptant aux idées nouvelles, telle forme d'art, telle conception de la vie, qui semblait disparue pour l'éternité. Si tout le passé n'est pas destiné à redevenir présent, bien des ombres du moins, qui tendent les bras vers la rive de l'avenir, ont chance de passer le fleuve, si les hommes restent avides de nouveautés et de révolutions. La constatation que fait l'historien de la disparition d'une certaine forme d'existence ne saurait suffire à en prouver l'extinction totale et définitive.

Mais il est une autre manière d'interroger l'histoire, c'est de lui demander de nous révéler les origines premières des

(1) Hirbert Journal, July 1904, p. 756; *Alike in Philosophy and Art, in Social Life, in Politics, and in Religion, all the best things that are ever evolved are superannuated in time. They have to die, and be reborn, in incessant palingenesis.*

institutions. Le chêne n'est-il pas préformé dans le gland ? L'homme n'est-il pas l'héritier de l'enfant ?

Très féconde, certes, s'est manifestée cette maxime, que l'eau du fleuve est plus pure prise à la source. Mais, principe singulièrement puissant dans l'ordre pratique, cette maxime est-elle un guide sûr dans l'ordre théorique ?

En fait, la source nous échappe. La préhistoire la plus reculée où nous puissions atteindre nous montre des œuvres déjà infiniment complexes et dérivées. Tel l'enfant qui commence à parler accomplit déjà des opérations où sont en jeu tous les principes de notre logique.

Puis, est-il certain que le progrès humain se fasse en ligne droite, et que le présent procède du passé par simple développement ? La pierre qu'ils avaient rejetée, lisons-nous dans l'Évangile, est devenue le fondement de l'édifice. De l'effort pour satisfaire aux besoins physiques de l'homme est née la science, non par développement, mais par accident : la science est la recherche désintéressée de la vérité. Il est gratuit de supposer qu'il n'y a rien de plus dans la religion d'aujourd'hui que dans le *tabou* ou le *totem* des primitifs. Il se peut que des éléments nouveaux s'y soient ajoutés par épigénèse, et que dans ces éléments se trouve aujourd'hui le centre de l'activité religieuse. Le protestantisme s'était proposé de réagir contre le changement : il est devenu l'incarnation du changement.

Enfin, il y a une troisième manière d'user de l'histoire, c'est de déterminer la loi d'évolution du phénomène que l'on considère. Par des analyses et des comparaisons appropriées, on dégage les phases de ce phénomène et l'ordre constant suivant lequel, ici où là, ces phases se succèdent. Cette loi même constitue, dès lors, l'essence du phénomène ; elle permet de prévoir, dans une certaine mesure, l'avenir qui lui est réservé.

Marche définie et méthodique, comme celle qu'un homme prête au cours de sa vie, quand, du point d'arrivée, il la considère. Marche plus ou moins imaginée, toutefois, à laquelle manque la sanction de la vérification, puisque l'avenir est inconnu. Que d'éclatants démentis l'avenir, en devenant le présent, n'inflige-t-il pas à nos prédictions les mieux établies ! Ces courbes mathématiques, où nous nous plaisons, s'obtiennent en écartant ou en absorbant les phénomènes divergents. Or qui peut dire si telle de ces forces éparses, plus ou moins refoulées pendant un temps, ne se redressera pas quelque jour victorieuse, comme un ressort vainement comprimé ? L'ordre de succession des phénomènes moraux n'est pas fortuit, mais il est contingent.

A la méthode purement logique et à la méthode historique, de nombreux esprits s'appliquent, de plus en plus, à joindre ou à substituer une méthode strictement scientifique. C'est ainsi que nous voyons deux sciences : la psychologie et la sociologie positives, s'appliquer à faire la théorie des phénomènes religieux.

A vrai dire, les résultats auxquels arrivent ces deux sciences se contrarient, plus qu'ils ne se complètent, puisque, pour l'une, la religion rayonne de la conscience individuelle vers les institutions sociales, tandis que, pour l'autre, elle prend sa source dans la société, et, du dehors, s'introduit dans la conscience individuelle.

Mais ces deux méthodes d'explication ont ceci de commun qu'elles tendent à dissoudre et détruire ce qu'elles expliquent. Il y a des explications qui justifient et qui fondent. L'autorité du maître est établie par la démonstration de sa capacité. Mais il y a des explications qui font évanouir leur objet : l'explication du sentiment de l'initiative par la suggestion réduit ce sentiment en illusion. La religion est la croyance à une réalité qui dépasse les lois et phénomènes de notre monde. Démontrer qu'une telle croyance, abstraction faite de tout objet qui y corresponde, doit nécessairement résulter du jeu spontané des forces naturelles psychiques ou sociales, c'est détruire la légitimité de cette croyance, c'est la rendre impossible chez un esprit éclairé.

Si la psychologie et la sociologie positives doivent tenir leur promesse, la question de l'essence de la religion est résolue très simplement : la religion n'a d'autre essence que l'ignorance. Et le problème réel ne peut consister qu'à chercher quelles sont les conditions sociales ou psychologiques qui ont induit l'homme à s'imaginer faussement qu'il était en relation avec les puissances surnaturelles.

Mais il convient de reconnaître que la science, ici comme ailleurs, n'est pas une chose faite et existant en soi de toute éternité, telle qu'elle ne laisse à l'homme d'autre tâche que de la découvrir et de la contempler. A cette conception ontologique de la science s'est substituée, depuis trois siècles, l'idée d'une science purement expérimentale, qui pose des questions à la nature, mais sans préjuger la réponse. La psychologie et la sociologie religieuses demandent à l'âme humaine et à la société si elles ont en elles de quoi expliquer les phénomènes religieux. Ce n'est pas *a priori*, c'est en considérant les résultats obtenus par les chercheurs, que l'on peut savoir dans quelle mesure ces sciences réussissent à résoudre la religion en éléments dépourvus de caractères religieux. Or il n'est guère contestable que, jusqu'ici, les dehors seulement et les traits ambigus des phénomènes religieux ont été, en quelque manière, soumis à l'explication psychologique ou sociologique.

*
* *

On ne saurait se dispenser de regarder en face le problème de l'essence de la religion. Poser ce problème dans ses termes vrais, c'est se demander s'il est possible, en ce qui concerne la religion, de dépasser, et le fait, et le concept, pour atteindre à l'idée.

Il ne nous suffit pas de savoir que la religion a été ceci ou cela, pour pouvoir conclure qu'elle doit subsister ou disparaître. Il peut arriver qu'elle subsiste sous une forme différente de celles qu'elles a présentées jusqu'ici. Il se peut aussi qu'elle semble subsister, parce que certaines formes médiocres en demeurent, alors qu'en réalité elle disparaît, dans ce qui surtout en faisait la grandeur.

Pareillement, c'est une mince connaissance que celle du simple concept de la religion. Ce qu'on appelle concept ne comprend autre chose que la somme des conditions nécessaires et suffisantes de l'existence d'une chose. Le concept de la religion exhibe les caractères qui se retrouvent dans toute religion, qui sont présents dans la plus basse comme dans la plus haute. Se contenter de ce concept pour décider si la religion subsiste ou subsistera, c'est tenir l'existence pure et simple pour suffisante, et ne pas s'informer de la qualité.

Ce qu'il nous faudrait posséder, pour pouvoir émettre des jugements quelque peu significatifs, c'est, proprement, l'idée de la religion, l'idée platonicienne, en quelque sorte, la notion de ce que peut et doit être la religion pour exister le plus véritablement, le plus hautement possible.

C'est de la religion ainsi entendue, bien plutôt que de telle de ses formes historiques, qu'il nous importe de savoir si elle est actuellement, si elle paraît devoir continuer à être et agir dans le monde. C'est dans cette idée de la religion que consiste proprement l'essence que nous cherchons.

Est-il possible de déterminer une telle idée ? Ne nous condamnons-nous pas à n'émettre que des opinions subjectives, individuelles et sans valeur, dès que nous nous hasardons à parler, non de ce qui est, mais de ce qui peut ou doit être ? Est-il possible d'aborder un pareil problème sans quitter le terrain des faits et de la raison, sans se lancer et se perdre dans le vide, à l'exemple de la colombe légère dont s'est amusé Kant ? Il convient de remarquer que, non seulement dans la vie courante, mais dans la réflexion philosophique elle-même, nous avons affaire, constamment, non au concept, mais à l'idée proprement dite. Quand nous parlons de l'avenir de l'art, de la science, de la démocratie, du socialisme, nous ne voulons pas simplement parler de ces objets tels qu'ils sont actuellement donnés, ou tels que les définirait la généralisation du logicien : nous avons certainement dans l'esprit la pensée de ce que peut et doit être, pour se réaliser pleinement, la science ou la démocratie c'est-à-dire, non le concept, mais l'idée de la science ou de la démocratie.

Une telle idée n'est-elle qu'un sentiment, un désir, une fantaisie, une invention arbitraire ?

Il faut, à vrai dire, renoncer à en démontrer la valeur en la confrontant, purement et simplement, avec les faits d'expérience, ainsi que l'on fait pour éprouver les hypothèses scientifiques : l'idée dont il s'agit, en effet, par définition, dépasse l'expérience. Mais l'accord de nos conceptions avec les choses du dehors n'est pas le seul moyen de contrôle dont nous disposions. Nous pouvons encore considérer l'accord des esprits entre eux. Et, à y regarder de près, le criterium externe, fourni par la réalité sensible, n'existe que comme application du criterium interne, tiré de l'adhésion commune des esprits. Car, d'où savons-nous qu'une chose peut être considérée comme existant en dehors des intelligences, sinon parce que les intelligences s'accordent dans leur manière de la concevoir ?

Si l'accord des intelligences nous touche lorsqu'il se rapporte à la manière de concevoir les choses extérieures, il ne saurait nous laisser indifférents quand il se produit touchant les fins que nous devons poursuivre, les aspirations, les ambitions de notre cœur et de notre volonté. De fait, l'instinct d'imiter nos semblables, qui est si fort en nous, est une sorte d'expression spontanée de la valeur infinie que nous attribuons à l'union des esprits ; et leur accord, une fois réalisé, nous apparaît comme une preuve considérable de l'excellence de la fin poursuivie.

En réalité, cet accord lui-même est sujet à examen. Il ne

suffit pas qu'une foule soit emportée par un élan commun pour que sa volonté soit bonne. La séduction même qu'exerce la constatation de l'unanimité nous expose à confondre une unité d'impulsion aveugle, de passion, de volonté plus ou moins irrationnelle, avec l'unité de pensée et d'aspiration profonde et droite, qui seule est valable.

Quels sont les caractères de cette pensée, qui, par elle-même et sans que la réalité extérieure la vérifie, fonde un accord solide des intelligences ?

Ce n'est ni ne peut être une pure intuition. L'homme ne saurait saisir un objet, savoir ce qu'il saisit, et en faire part aux autres hommes, sans user de quelque concept. Une intuition pure ne saurait être pour lui une connaissance : ce serait un simple état de conscience, dont il ne pourrait mesurer la valeur.

Mais, d'autre part, la pensée que nous cherchons ici à définir ne peut être un simple agencement de concepts. Les concepts représentent en raccourci l'expérience acquise, et il s'agit ici d'idées qui dépassent l'expérience.

En réalité, l'homme dispose d'une faculté que l'on appelle la raison, dont le propre est d'unir intimement, de fondre ensemble intuition et concept, en telle sorte que celui-ci s'assouplisse, s'élargisse et s'enrichisse sous l'influence de celle-là, et que celle-là, de son côté, sous l'influence de celui-ci, devienne objet de conscience, propre à être, par l'homme, saisi, fixé, entendu et communiqué. La raison, c'est l'union intime du concept et de l'intuition.

Science rationnelle, les mathématiques, sinon en tant qu'elles s'enseignent, du moins en tant qu'elles se créent, supposent la collaboration intime et constante de la déduction conceptuelle et de l'intuition proprement dite.

C'est par un judicieux usage de cette raison vivante, réaction profonde et originale de l'intelligence tout entière au contact des choses, âme de la science comme de la vie, que l'on peut essayer de déterminer, non seulement des faits ou des concepts, mais des idées, types de ce que peuvent et doivent être les choses pour réaliser toute la perfection dont elles sont capables. C'est en ce sens qu'il convient de chercher à définir l'essence de la religion.

*
* *

L'histoire de l'humanité est le spectacle le plus riche, le plus divers, le plus étrange, le plus curieux que l'on puisse rêver. Coutumes, religions, institutions, croyances, genres de vie, rêves, besoins, ambitions, il est incroyable à quel point diffèrent, sous tous ces rapports, des êtres que l'on rapporte à une même espèce. Et la vie turbulente de ces êtres a engendré une variété d'événements qui déconcerte le chercheur ; car, plus celui-ci porte la lumière sur les détails des choses, plus il aperçoit de complication, de singularité, de nouveauté, là où un regard superficiel ne voyait que simplicité et uniformité.

Or, chose étrange, chaque groupe d'homme, chaque individu ne tient pas seulement à ses coutumes parce qu'elles sont siennes, mais parce qu'il les croit supérieures à celles de tous les autres. Et chaque événement humain, n'est pas seulement déterminé par un besoin insatiable de changement : il doit, en outre, dans la pensée de ceux qui y sont mêlés, réaliser une forme d'existence plus belle et plus haute que toutes les précédentes. Nulle génération ne croit sérieusement être inférieure à ses devancières. Quand nous nous complaisons à analyser les biens dont jouissaient les générations antérieures, et qui nous manquent, les éloges mêmes que nous décernons à nos devanciers signifient, au fond, qu'il ne tient qu'à nous, en nous appropriant ce qu'ils ont pu trouver d'utile et de bon, non seulement de les égaler, mais de les dépasser.

Or quelle est la valeur d pareils jugements ? Sont-ils entièrement absurdes ? L'histoire humaine n'est-elle, en réalité, qu'une vaine succession de formes inutilement diverses, ou a-t-elle, en effet, un sens ?

Si l'on considère, non plus les sociétés et leur histoire, mais l'individu dans le sentiment qu'il a de sa vie intérieure, le même problème se pose. Par toutes ses facultés, l'homme, constamment, cherche autre chose et mieux que ce qu'il possède. Une sensation donnée lui est une excitation à poursuivre une sensation nouvelle. Une idée qui lui est offerte lui en suggère d'autres, et l'induit à questionner, à comparer, à philosopher. Le but qu'atteint sa volonté n'est déjà plus, à ses yeux, qu'un point de départ pour une nouvelle entreprise.

Soit dans l'histoire de son espèce, soit dans sa vie individuelle, l'homme est un être qui aspire à se dépasser. Que signifie, que vaut cette bizarre prétention ?

A cette question l'on peut, notamment en s'appuyant sur certains aspects de la science moderne, répondre que l'homme est dupe d'une illusion, que nulle part, dans la nature, ne saurait jamais se produire aucun phénomène qui ne soit un simple équivalent des antécédents dont il dérive. L'univers est préformé, totalement, de toute éternité, dans ses éléments et ses lois. Si l'homme a le sentiment d'un manque, d'une possibilité de se grandir, s'il croit qu'à son aide viennent des puissances surnaturelles, ces impressions sont uniquement le fait de son ignorance et de sa vanité. Son pouvoir est une quantité donnée, résultante mécanique des forces naturelles dont il est la synthèse accidentelle et temporaire. Sa destinée est enfermée dans les limites de ce pouvoir.

Cette appréciation des choses est très concevable, et, à certains égards, plausible ; mais elle n'est pas nécessaire.

En fait, la réflexion humaine en a, de tout temps, professé une toute différente. Selon cette autre interprétation l'homme a, bien réellement, la capacité de concevoir des fins supérieures à ses forces naturelles ; et vers ces fins il lui est possible de s'élever, parce qu'à son action peut s'unir celle de quelque être plus grand que lui, et plus puissant que la nature. Collaborateur de cet être supérieur, l'homme peut, véritablement, dépasser, et la nature, et lui-même.

Il semble que ce soit dans cet ordre d'idées qu'il convienne de chercher l'essence de la religion.

L'homme est sur le chemin de la religion, dès que, sérieusement, il cherche à se dépasser, non seulement quantitativement, mais qualitativement. Un accroissement de forces purement quantitatif pourrait s'expliquer par un simple emprunt fait au réservoir, peut-être infini, des énergies physiques de l'univers. Mais un accroissement de valeur et de perfection, s'il est autre chose qu'un mot, surpasse les forces de la nature comme telle.

Déjà la science et l'art visent un tel accroissement ; mais, s'appuyant sur la nature et le donné, ils vont au-devant du vrai et de l'idéal, ils le cherchent : ils ne savent s'ils y peuvent atteindre.

L'originalité de la religion, c'est d'aller, non du pouvoir au devoir, mais du devoir au pouvoir ; c'est de procéder résolument en supposant le problème résolu, et de partir de Dieu. *Ab actu ad posse*, telle est sa devise. Dieu est l'être, le principe, la source débordante de la perfection et de la puissance. Qui participe à la vie de Dieu est en possession de dépasser véritablement la nature, de créer. Religion, c'est création vraie, belle et bienfaisante, en Dieu et par Dieu.

Remontant à la source même de l'être, la religion intéresse l'homme tout entier. Il est vain de se demander si elle est plutôt affaire de sentiment, ou d'intelligence, ou de volonté. Elle a son siège dans ce fonds de l'âme où l'un et le multiple se pénètrent, caractère qui déjà paraît dans ce que nous appelons la vie. La volonté y est foi, confiance, résolution invincible, comme il convient à qui se sent un avec la puissance créatrice. L'intelligence se travaille pour créer des formes capables de représenter l'irreprésentable d'une manière à la fois digne de l'objet et saisissable pour l'humanité. Et le sentiment, tour à tour terreur en face de l'insondable, et enthousiasme au contact du divin, trouve sa pleine satisfaction dans cet amour suprême, en même temps don de soi et possession, qui est, par excellence, la fécondité et la joie.

Et toutes ces manifestations, au fond, se commandent et se pénètrent les unes les autres, comme, dans la lumière, sont unies les couleurs qui, réfléchies par des corps divers, se distingueront.

La religion n'est-elle, toutefois, qu'une forme intérieure de l'âme ; et faut-il tenir pour purement accidentels les phénomènes par lesquels elle se manifeste extérieurement ?

Rien ne serait plus contraire à son essence, qu'une séparation radicale de l'esprit et de la lettre. Puisqu'elle est, avant tout, participation à la puissance créatrice, et, par là, création elle-même, la religion tend naturellement à mettre son empreinte sur les choses visibles comme sur les invisibles, à se traduire par des formes, des symboles et des rites, et à modeler la vie humaine tout entière.

Ces expressions visibles, trait d'union entre le principe de l'être et l'ondoyante nature, varient nécessairement avec le temps et avec les lieux. Leur valeur, comme celle de toute traduction, réside dans le degré suivant lequel elles concilient la fidélité à l'original et la conformité aux conditions particulières de la langue employée.

De plus, le mode d'action de la religion est essentiellement spirituel. Elle procède nécessairement du dedans au dehors, et non du dehors au dedans. En effet, elle est la puissance de l'esprit. Elle se renierait, si elle faisait appel à la force. Sa mission est de pénétrer la force, son triomphe serait de la transmuter en amour. Sa méthode d'action se résume dans la prière de l'Évangile : « Père, puisse ton règne descendre du ciel sur la terre ! »

LA CONSCIENCE INDIVIDUELLE ET LA LOI

Conférence faite à l'Ecole des Hautes Etudes Sociales le 7 novembre 1905 (1)

(1) Extrait de la *Revue de métaphysique et de morale*, janvier 1906.

LA CONSCIENCE INDIVIDUELLE ET LA LOI

Invité à ouvrir la série des conférences de morale en vous parlant des rapports de la conscience individuelle et de la loi, je me suis tout d'abord, je l'avoue, défié de ce sujet, le trouvant bien général, et peu intéressant en comparaison des questions, autrement précises et actuelles, telles que : l'alcoolisme, la dépopulation, le jeu, la licence des écrits, etc., qui doivent être agitées dans nos réunions. A la réflexion, pourtant, j'ai jugé que cette inquiétude était mal fondée. D'où vient que souvent des hommes également éclairés, puisant aux mêmes sources, instruits des mêmes faits, apprécient les événements et dirigent leur conduite dans des sens très divers ou même opposés ? C'est qu'ils donnent des réponses différentes à ces questions très générales qu'on ne peut éluder, dont la solution ne sort pas immédiatement des faits, et qu'on résout d'ordinaire d'autant plus dogmatiquement qu'on les a moins envisagées pour elles-mêmes. Le général n'est pas nécessairement, comme on le dit parfois, pur verbiage, simple *flatus vocis* : c'est l'expérience, la somme de nos connaissances, se résumant, se ramassant, pour se faire virtualité, disposition, tendance, force, dons, finalement, action et exécution. C'est la transition du théorique au pratique. C'est l'attitude de l'esprit en face des choses, et la loi de sa réaction. Loin donc que les questions relatives aux généralités soient, *ipso facto*, scolastiques et vaines, elles intéressent les sources mêmes de la vie réelle, elles nous touchent dans ce qui détermine l'orientation de notre volonté et de notre moi.

A vrai dire, la question qui nous est proposée paraît à beaucoup de bons esprits résolue depuis longtemps d'une façon claire et définitive. La conscience et la loi : leur situation respective n'a-t-elle pas été marquée en traits ineffaçables le jour où fut prononcée cette parole : Rendez à César ce qui est à César, et à Dieu ce qui est à Dieu. La conscience a son domaine, qui est la région tout intérieure des croyances, des pensées, des sentiments, des volontés. Dans ce domaine elle est maîtresse, elle ne relève que des puissances qu'elle accepte. Autour de ce domaine se dresse un mur d'airain, qu'aucune puissance extérieure n'a le droit de briser, que nulle, en définitive, ne peut saper réellement. En droit, en fait même, finalement, la conscience est inviolable. Mais en dehors du sanctuaire de la conscience s'étend le théâtre de la vie extérieure, des manifestations et des actes proprement dits. Ici la loi est souveraine, non moins indépendante de la conscience que celle-ci, chez elle, n'est indépendante de la loi. Il y a deux mondes, il y a deux empires : rien de plus clair, rien de plus logique que cette économie de l'univers.

Dans la pratique cependant, on ne peut nier qu'il ne se rencontre quelques difficultés. Le système repose sur la distinction radicale de la pensée et de l'action : celle-ci toute matérielle et extérieure, celle-là tout intérieure et spirituelle. Que dire alors des manifestations telles que la parole, les écrits, l'enseignement ? Sont-ce là de simples pensées, ou sont-ce déjà des actes, tombant, comme tels, sous le coup de la loi ? On se tire d'affaire en cherchant, pour chaque cas donné, si le fait se rapproche davantage d'une pensée pure ou d'une manifestation extérieure. Il est certain que la nature, entre deux genres, si tranchés qu'ils soient, offre toujours des formes intermédiaires. La difficulté de classer ces formes n'empêche pas le naturaliste de maintenir la distinction des genres.

Telle est, si je ne me trompe, au sujet de la conscience et de la loi, la doctrine qu'on peut appeler classique. Elle se manifeste notamment par la valeur singulière attribuée à la tolérance, que l'on considère comme le premier des devoirs, comme la vertu essentielle des sociétés modernes.

Est-il bien sûr qu'actuellement cette célèbre doctrine soit aussi solide et incontestée qu'elle a pu l'être naguère encore ? Certaines formules, aujourd'hui fort en vogue, pourraient en faire douter. Il est souvent question, depuis quelque temps, de la nécessité d'assurer l'unité morale de la nation, de la tâche incombant à l'Etat d'établir cette unité. On nous dit que la démocratie a le droit, le devoir de fixer un système de croyances morales, et de l'imposer par tous les moyens propres à créer dans les âmes l'équivalent des croyances religieuses. Il n'y a, lisons-nous, que les consciences libres, c'est-à-dire libérées des croyances religieuses, qui aient le droit de revendiquer la liberté de conscience, car on ne peut demander à conserver ce qu'on n'a pas ; et la tâche de la démocratie consiste précisément à former de telles consciences. En cette doctrine consiste proprement, assure-t-on, le libéralisme rationnel, qu'il ne faut pas confondre avec le libéralisme empirique. Quant à la tolérance, soutenir que toutes les croyances sincères sont respectables, c'est, conclut-on, ou niaiserie ou lâcheté.

Il est vrai que, d'un autre côté, nous entendons répéter des aphorismes tels que : Sois toi-même, il n'y a pas d'autre loi. Le but de la vie est et ne peut être pour chaque homme que l'émancipation et la réalisation intégrale de son individualité (*freie Individualität, Entwickelung und Ausleben seiner Individualität*). Toute contrainte est humiliante, tout engagement est un mensonge. Quel droit peut avoir la société, qui n'est faite que d'hommes semblables à moi, de m'imposer ses conventions, ses préjugés, sa routine, où je ne vois, moi, que des documents sur des temps disparus ?

Il semble bien que, soit d'un côté, soit de l'autre, on s'écarte de la doctrine dualiste qui faisait à chacun des deux principes sa part, et que, ici comme là, on tende à absorber l'un des deux principes dans l'autre. S'il est vrai que de telles doctrines soient aujourd'hui en crédit, il convient de demander ses titres au dualisme classique, afin de voir s'il est en mesure de résister aux attaques dont il est l'objet.

I

Cette doctrine reposait sur un certain nombre de postulats, lesquels paraissent aujourd'hui très compromis.

Et d'abord, le moi était considéré comme une entité réelle et distincte. C'est parce qu'on croyait qu'il existe à part qu'on le déclarait inviolable.

Aujourd'hui on conteste qu'il existe à part. Nos pensées, dit la psychologie contemporaine, ne sont pas ces vierges stériles qu'imagine le dualisme classique, qui n'engendrent qu'unies à un agent éranger. Elles ne diffèrent des actes qu'en degré, elles sont déjà, par elles-mêmes, grosses de l'action ; elles sont l'acte lui-même commençant, se dessinant et tendant à se déployer dans toute son ampleur. Seuls des obstacles environnants, d'autres pensées plus fortes, plus vives, plus envahissantes, inhibent et maintiennent à l'état de tension les pensées qui paraissent inertes. Nulle raison donc, quand on reconnaît à l'Etat un droit sur les actions, de soustraire les pensées à sa compétence. Autant dire que le médecin n'a le droit d'attaquer le mal que quand le malade est perdu, et qu'il sort de son rôle en le combattant dans ses commencements. Et nulle pensée n'est en droit de se dire innocente. Quand, enfermé dans ma chambre, pensant en apparence pour moi tout seul, je promène mon imagination sur telles images, je nourris telles idées, je caresse tel rêve, en réalité je travaille à créer en moi telles habitudes, telles tendances, telles lois de jugement et d'action, qui tôt ou tard se traduiront en effets. On ne peut faire le mal en pensée seulement.

Ainsi la pensée, la conscience, le moi n'est pas une réalité séparée et toute spirituelle. Est-ce même, à vrai dire, une réalité ? Les psychologues qui établissaient les fondements philosophiques du dualisme classique négligeaient le rapport du conscient à l'inconscient, et la part énorme de celui-ci dans le contenu et les conditions d'existence de celui-là. On se représentait le moi comme un sujet bien défini et circonscrit, qui se possède et se connaît, au moins en puissance, dans toute son étendue, et qui, à travers ses acquisitions ou ses modifications, demeure lui-même dans toute la durée de son existence. Mais l'étude de l'inconscient est venue bouleverser cette psychologie. Le moi conscient n'est plus que l'explosion contingente de quelques-unes des forces dont l'ensemble constitue le moi subconscient, le vrai moi : un degré extrême de tension a transformé ces énergies potentielles en forces vives. Ce que nous appelons nos convictions, notre conscience, notre personnalité n'est que le résultat mécanique d'un travail qui s'est accompli en dehors de cette personnalité même, dans le sous-sol de l'inconscient. Là opèrent, à notre insu, les influences organiques, l'imitation, la suggestion, l'autosuggestion. L'instinct, la passion, les habitudes acquises, l'ascendant de telle personne, le prestige de telle formule, nous déterminent ; et, passivement, nous nous suggérons telle croyance, telle conviction, qu'ensuite nous nous représentons comme l'expression très sincère et spontanée de notre conscience individuelle : nous nous imaginons que cette croyance est notre œuvre parce que nous y tenons invinciblement. Or comment déclarer inviolable et sacrée une conscience qui n'est qu'une illusion psychique, un reflet, un épiphénomène, sans substance et sans efficace ? La doctrine classique ne devait son semblant de conséquence qu'à la réalisation d'une abstraction vaine.

Un second postulat qui la soutenait dans les esprits était ce principe du *Contrat social*, qu'à l'individu comme tel appartient « une existence absolue et naturellement indépendante ». La conscience, quelle qu'elle fût dans son fond, était rattachée à l'individu comme à une réalité distincte. La société était considérée comme composée de tels individus agrégés entre eux du dehors, à peu près comme les atomes d'Épicure dans les mondes qu'imaginait ce philosophe. Mais une doctrine mise en avant par Pierre Leroux, Renouvier, et, de nos jours, brillamment soutenue par M. Léon Bourgeois, en accord d'ailleurs avec les résultats les mieux établis des recherches sociologiques, la doctrine dite de la solidarité, nous montre l'individu dépendant, en toutes choses, de la collectivité dont il fait partie. *Quid habes quod non accepisti ?* disait saint Augustin. On nous montre aujourd'hui que l'individu doit à la société tout ce qu'il possède, tout ce qu'il est. D'où me viennent, non seulement mes instruments d'existence et mes connaissances, mais les principes dont je suis fier, les convictions, les sentiments dont je fais mon moi, sinon du travail infini de tant de générations qui m'ont précédé ? Est-ce bien moi qui pense, ou est-ce une portion de l'humanité qui pense en moi ? Mon rôle, si j'en ai un, est celui d'une goutte d'eau dans l'océan. Quelle folie, dès lors, de mettre d'un côté les droits de la société, de l'autre ceux de l'individu, et de déclarer que ces droits respectifs se font pendant, qu'ils constituent deux sphères d'activité impénétrables l'une à l'autre !

Enfin, je signalerai un troisième postulat, qui était peut-être l'assise la plus forte de la doctrine dualiste. Avec la civilisation où se rencontrèrent la religion judéo-chrétienne et la philosophie hellénique s'était constituée une théorie de la connaissance qui distinguait, comme irréductibles et également fondées dans leurs principes, la croyance et la science : celle-ci se rapportant aux êtres du monde visible et extérieur, celle-là concernant la vie intérieure et spirituelle, les objets de la conscience proprement dite. A la loi, d'après cette théorie, il appartient de régler tout ce qui, dans la vie humaine, se rapporte au monde extérieur, domaine de la science. Mais il est absurde et il est impossible que la loi prescrive les croyances, lesquelles ne s'appuient sur aucune raison contraignante, et ne sont que si elles sont libres. Cette distinction de la croyance et de la science a été systématisée par Descartes, Locke, Leibnitz ; elle a fait le fond du célèbre système de Kant. Elle subsistait très précise chez Herbert Spencer, dans sa théorie de l'inconnaissable. Mais voici que, de nos jours, la science se croit capable de l'abolir. Poussant toujours plus loin ses conquêtes, elle brise la barrière qu'une foi naïve avait dessée entre l'extérieur et l'intérieur, entre le physique et le moral, entre le connaissable et l'inconnaissable. Forte des progrès qu'elle a accomplis, de la conception qu'elle s'est faite de l'univers et des conditions de la connaissance, elle déclare que désormais la nature n'a plus pour elle de mystères ; qu'en droit, sinon en fait, tout relève d'elle et de ses méthodes. Inconnaissable ne peut plus signifier autre chose qu'inconnu jusqu'à nouvel ordre. Croyance n'est autre chose qu'ignorance et préjugé. Or y a-t-il une liberté de conscience en arithmétique, en mécanique, en physique ? Et si tous les ordres de réalités sont connaissables de la même manière que les rapports des nombres et des changements des corps, où pourrait encore légitimement trouver place la liberté de conscience ? L'ignorance a-t-elle un droit devant la science, l'erreur devant la vérité ? En face du savant, le croyant, c'est-à-dire l'ignorant, n'a qu'un droit, lequel, plutôt, est un devoir, celui de s'instruire. Les choses se divisent en deux catégories. Il y a celles dont la science a pris possession : dans ces matières la science est souveraine purement et simplement ; et il y a celles qui sont encore imparfaitement connues : pour ces dernières, en tant que la pratique exige des décisions immédiates, la règle ne peut consister que dans les inductions tirées, le plus scientifiquement possible, des résultats déjà acquis par la science.

C'est ainsi que paraissent également ruinés les différents postulats sur lesquels reposait la doctrine de l'indépendance mutuelle de la conscience et de la loi. Et cette dernière, en tant qu'expression de la volonté de la société, de ses besoins, de son esprit, de la science qui en est l'œuvre, des fins auxquelles elle vise conformément à cette science, paraît avoir tout droit pour gouverner, non seulement les actes, mais les pensées des individus, pour inculquer à ceux-ci, par l'éducation et par tous les moyens appropriés, les habitudes, les sentiments, la forme de conscience et d'autonomie les plus propres à réaliser la fin sociale, telle que la société la détermine. Évolution dont le terme paraît être l'absolue subordination de la conscience individuelle à la loi.

II

Cette tendance existe dans notre société. Elle n'est pas la seule qui travaille en ce moment les esprits. Comme si les contraires s'appelaient l'un l'autre, elle trouve en face d'elle une tendance opposée. D'où vient, disent les représentants de cette dernière, que l'on répugne à reconnaître la réalité et les droits supérieurs de la conscience individuelle ? De ce que l'on place la condition de cette réalité dans l'existence d'un moi-substance, stable, fondamental, indépendant du temps et de l'espace. Un tel moi, certes, est une chimère, qu'il faut laisser aux métaphysiciens d'un autre âge. Mais nous n'avons que faire d'un tel moi, lequel, à vrai dire, ne serait pas un moi, mais une entité transcendante et inconnaissable, pour affirmer notre existence d'individus et revendiquer la liberté de notre conscience. Il nous suffit d'invoquer le moi que nous sentons, que nous affirmons, que nous sommes à tout instant de notre vie consciente. Ce moi, certes, est changeant, transitoire, sans profondeur, sans fondement peut-être : qu'importe ? Il est réel, il est pour nous ce qu'il y a de plus réel, la seule chose qui soit incontestablement. En comparaison de ce moi immédiat et actuel, tout n'est qu'abstraction et hypothèse, construction plus ou moins artificielle et creuse de notre imagination et de notre entendement. Je vis, je veux, je pense, je jouis et je souffre : quelle réalité pourrait effacer celle-là ? Quelle réalité n'est, pour moi, suspendue à celle-là ?

Mais, dira-t-on, dans ce moi lui-même, qui est la réalité immédiate et irréductible, l'analyse discerne deux éléments, l'un exclusivement individuel : la sensation, l'instinct de conservation et de développement propre ; l'autre, qui, dans l'individu même, fournit une base à la société, à savoir l'aspiration à la raison, à la liberté, à la personnalité, lesquelles ne se peuvent réaliser que par la participation à une communauté, par l'obéissance à des lois sociales. Pour que l'individu s'actualise pleinement, il faut que la partie inférieure de son être obéisse à la partie supérieure, c'est-à-dire, en définitive, qu'il se subordonne à la société, à la loi.

Psychologie surannée, répondra l'individualiste dont je parle. Il est faux qu'il y ait dans le moi deux régions distinctes, dont l'une serait inférieure et l'autre supérieure. Nous avons ramené à ce que vous appelez l'inférieur ce prétendu supérieur. Nous avons montré dans le sentiment un simple développement mécanique de la sensation, dans la raison une différenciation de l'instinct. Le moi est un, et c'est sa faculté motrice et sensible, non ses opérations réflexives et intellectuelles, qui est le fond stable et réel de sa nature.

Que si l'on trouve en lui des éléments qui ne se ramènent pas immédiatement à ce fonds naturel, et telles sont en effet maintes croyances sociales ou religieuses, ils s'expliquent par le rôle de la tradition, de l'habitude, de la routine dans la formation de notre conscience. Des commandements de Jéhova nous retenons, à notre insu, l'idée de devoir et d'obligation. De l'antique fusion de la religion et de la politique nous est restée l'idée d'une loi qui aurait pour règle la justice et qui serait investie d'un caractère sacré. Vaines survivances d'un passé mort ! Héritage pesant dont il est temps de s'affranchir !

Es erben sich Gesetz' und Rechte
Wie eine ewige Krankheit fort.

Quelle est donc, en définitive, l'essence vraie du moi ? Elle n'est autre, pour qui se débarrasse des préjugés et observe l'homme scientifiquement, ainsi qu'on observe les plantes ou les minéraux, que le besoin d'indépendance, d'émancipation, de possession et de libre disposition de soi-même. Tout le reste va contre sa nature, et le rend malheureux parce qu'il lui fait violence. Non seulement l'homme ne peut comprendre comment on pourrait l'astreindre à des engagements éternels, lui qui vit dans le temps ; mais considérant que, pour lui, la seule réalité c'est son moi présent, duquel peut-être différera du tout au tout son moi de l'instant suivant, il repousse en bloc toute espèce d'engagement, soit pour la vie, soit pour un jour : il ne se sent en possession de son moi que si celui-ci, en chaque instant, lui est laissé tout entier, car c'est, en chaque instant, un indivisible ; et il n'a conscience d'être pleinement lui-même que le jour où il peut déployer jusqu'au bout sa faculté d'émancipation et d'indépendance.

De cette manière de voir résulte, à l'égard des lois, une attitude inverse de celle que nous avons observée précédemment. L'homme dont nous parlons maintenant ne refusera pas, dans la pratique, de se conformer aux lois ; mais il les reléguera délibérément au rang de moyens, alors que l'indépendance et le développement spontané de son moi seront son unique fin. Il mesurera la valeur et le degré d'autorité des lois sur leur aptitude à procurer ce résultat, et il n'hésitera pas à considérer comme insupportables celles qui lui paraîtraient conçues dans un autre esprit. En tout cas, il ne verra dans le régime de la contrainte légale, aussi bien que de la contrainte religieuse qui en demeure le fond, qu'un mécanisme plus ou moins provisoire, que le progrès des lumières et de l'organisation doit tendre à rendre inutile et à faire disparaître.

III

Le coup d'œil que nous venons de jeter sur l'état des esprits dans notre société nous les fait apercevoir comme orientés dans des directions fort diverses et même contraires. Les uns vont restreignant toujours davantage l'indépendance de la conscience individuelle pour faire plus universelle la souveraineté de la société, de l'État et de la loi. Les autres réduisent de plus en plus la communauté sociale au rôle d'instrument d'émancipation et d'autonomie pour l'individu. Et l'on pourrait croire, en voyant les uns et les autres se réclamer de la science, appuyer leurs revendications sur l'histoire, et les soutenir avec une égale conviction et énergie, qu'il y a là une antinomie insoluble, où la force seule décidera de la victoire.

Mais la précision des revendications, la netteté de l'opposition, la violence de la lutte ne sont pas toujours de sûrs symptômes de la profondeur réelle du dissentiment. Que d'oppositions en apparence irréductibles le passé a connues, qu'aujourd'hui nous ne comprenons plus ! Ce fut de tout temps l'habitude des hommes de commencer par dire : « Qui n'est pas avec moi est contre moi », et de se chercher des ennemis dans ceux mêmes qui les avoisinent. On se heurte d'autant plus qu'on se touche en plus de points. Mais le temps réduit parfois à des nuances imperceptibles ces prétendues oppositions, en en suscitant d'autres, tenues elles aussi, tout d'abord, pour absolues et définitives. Voyez ce qui est advenu des romantiques et des classiques. Ils se croyaient aux deux pôles de l'art. Mais aujourd'hui ils ne se distinguent que par le développement inégal donné aux divers éléments d'un même tout. Il en est de même des partis politiques. Ils se jettent l'anathème. Mais la postérité les verra, en plus d'un cas, placés sur le même terrain, et discutant sur des mots plus que sur des choses.

Les mots : tel est le ressort, tel est l'aliment des luttes vigoureuses et acharnées.

Mit Worten laesst sich trefflich streiten.

Les mots créent les drapeaux, les mots font les groupements serrés et fermés.

C'est qu'ils sont des symboles de la logique, ou plutôt de cette dialectique syllogistique et abstraite qui sans eux, à vrai dire, n'existerait pas. Des mots la syllogistique reçoit ces concepts définis, clos, immuables, qui sont la condition de son jeu d'inclusion et d'exclusion.

Ne se pourrait-il pas, dès lors, que l'opposition dont il s'agit fût surtout déterminée par la manière plutôt logique et verbale dont ces questions sont traitées en général ? Considérez les conditions actuelles de l'élaboration des idées en matière sociale et politique. On emploie le meilleur de son temps à discuter dans les conversations, dans les délibérations, dans les réunions ; on fait des conférences, on écrit des articles de journaux et de revues, destinés à produire un effet immédiat. Quel est le critérium sur lequel on se règle dans ces joutes brillantes ? C'est et ce ne peut être que le principe de contradiction. Seule la logique est la même pour tous, seule elle fournit sur-le-champ des arguments décisifs qui terrassent l'adversaire. Mais ses victoires sont parfois aussi éphémères qu'éclatantes, et maint principe est debout et vivace, qu'elle a tué indéfiniment. C'est qu'il y a une autre logique que la logique proprement dite ou logique des concepts : il y a la logique de la vie, de la réalité, de la nature, de la raison, au sens plein et concret du mot. Pendant que la dialectique démontre, avec la facile clarté de son langage spatial, l'impénétrabilité réciproque de l'un et du multiple, du même et de l'autre, la nature se plaît à les réunir dans ses créations. C'est pour les logiciens un problème désespéré de comprendre comment se peuvent associer la liberté et le devoir, comment un même sujet peut être à la fois son maître et le sujet d'une loi, comment une loi peut être, en même temps, nécessaire, et subordonnée, dans sa réalisation, aux caprices des individus. Mais dans la volonté de l'homme de bien, si ignorant qu'il soit de la dialectique, liberté et devoir ne font qu'un. Pascal a magnifiquement montré comment l'homme peut, avec une liberté entière et une pente invincible de sa volonté, aimer parfaitement et librement ce qu'il est obligé d'aimer nécessairement.

Or qu'arriverait-il si nous appliquions à notre sujet, non plus la logique abstraite qui descend des concepts aux réalités, mais la logique concrète et vivante, qui va de l'être au concept, des réalités aux rapports ?

Le premier point, pour qui procède suivant une telle méthode, c'est de se demander si l'on est en présence de choses qui vivent, qui sont véritablement, qui tendent à se maintenir, à persévérer dans l'être. Il y a dans l'être dûment constaté une valeur que reconnaît de bonne grâce une raison exempte des préjugés de la logique abstraite. Pour l'homme placé à ce point de vue, détruire ce qui est ne va jamais sans témérité. La méthode que commande le souci de la perfection effective est le maintien et l'accroissement de l'être. *Ens perfectum, ens realissimum* : c'était la doctrine de Leibnitz.

Or les deux principes que nous considérons attestent énergiquement, l'un comme l'autre, leur vitalité. La loi, expression de la volonté collective des sociétés, s'est diversifiée à l'infini, s'adaptant aux croyances, aux conditions géographiques, économiques, historiques, aux fins poursuivies par les différents États. Elle n'en a pas moins conservé ses caractères essentiels : l'universalité, l'obligation et la sanction. Abstraite et impersonnelle, elle s'impose également à tous les citoyens ; et, si elle admet des variétés et des changements sans nombre, elle prétend, à toute époque, dans sa forme actuelle, à un respect et à une obéissance absolue.

La conscience individuelle n'a pas manifesté aussi tôt que

la loi sa prétention à l'existence et à l'inviolabilité. Les anciens, en général, s'en sont peu souciés. Pourtant, avec un Socrate, un saint Paul, un Luther, elle a définitivement manifesté sa puissance d'être et de persévérer dans l'être. Elle constitue aujourd'hui l'une des réalités les plus vivaces que nous trouvions devant nous ; et qui entend respecter ce qui est avant de décréter ce qui doit être verra dans la liberté de conscience l'une des conditions essentielles de l'ordre politique au sein de nos sociétés modernes.

Conscience individuelle, loi civile : deux réalités vivantes, donc deux êtres en faveur desquels il y a une présomption de droit.

— Mais ces deux puissances, en se développant, se gênent mutuellement, et l'histoire est pleine de leurs luttes. — Il ne convient pas de pousser à l'extrême l'horreur de la lutte. Il y a quelque chose de plus redoutable que la guerre, c'est la paix achetée par l'extinction de la vie et du droit : *ubi solitudinem faciunt, pacem appellant.* La guerre n'est pas seulement légitime, elle est belle, quand c'est la dignité humaine, la justice, l'effort vers le vrai et le bien qui la mènent, afin de conquérir leur droit à l'existence. A lutter l'une contre l'autre, la conscience individuelle et la loi se sont développées et affermies respectivement. C'est en réaction contre l'oppression sociale que s'est éveillée et qu'a grandi la conscience individuelle ; car la liberté, en ce monde, veut être conquise : son vrai nom est affranchissement, et quand elle est, elle ne subsiste que reconquise sans cesse. La guerre n'est pas un accident dans la nature : elle résulte de ce fait qu'exister c'est se poser, c'est se défendre. Il n'y a qu'une manière de renoncer à lutter, c'est de disparaître.

Il est impossible toutefois que l'homme, être raisonnable, considère la guerre comme une solution : ce ne peut être qu'un phénomène naturel, qui a son rôle dans la création et dans le développement des énergies, mais dont il s'agit de tirer parti en vue d'une fin supérieure. Cette fin est la réalisation croissante de la dignité humaine. La raison vise à transformer, dans cette vue, les adversaires en coopérateurs. Quel sera le jugement de la raison sur la valeur et le rôle respectifs de la conscience et de loi, qu'elle trouve devant elle comme des choses de fait et comme des puissances souvent opposées ?

Il ne peut être question de chercher laquelle, de ces deux puissances, doit être fin et laquelle moyen. L'une et l'autre sont des fins en soi.

La loi, considérée comme la source même de la civilisation et de l'humanisation, était un principe pour les anciens. A travers toutes ses transformations elle est restée un principe. Quels que soient l'origine et l'objet qu'on lui attribue, elle a un caractère qui la rend irréductible à la volonté des individus comme tels : l'universalité. Elle est la même pour tous, et elle impose à chacun une conduite conforme au bien commun. Elle est l'expression d'un ordre social. Et une société, quoi qu'on fasse, ne pourra jamais être la simple juxtaposition extérieure et mécanique d'atomes individuels.

D'un autre côté, la conscience individuelle est, elle aussi, une fin en soi. C'est la nier que d'en faire un moyen. La grandeur d'un Socrate, d'un Luther, d'un Pascal est d'avoir cherché le vrai d'une conscience absolument libre, résolue, selon ses forces, à ne reconnaître d'autre loi que l'évidence qui s'impose à elle.

Si la conscience et la loi sont deux fins en soi, s'ensuit-il qu'elles doivent se développer parallèlement, sans se mêler, ou encore, étant admis qu'elles appartiennent à un seul et même monde, qu'elles doivent se contenter d'un régime de limitations réciproques et de compromis ?

De tels systèmes ne peuvent être que des expédients ou des pis-aller. Car la conscience individuelle et la loi ne sont pas seulement irréductibles l'une à l'autre : elles sont encore solidaires l'une de l'autre. Leur pénétration mutuelle est la condition de leur développement respectif.

La loi suppose la conscience ; car, qu'elle vise la justice

ou l'utilité, ce qui sans doute, comme disaient les anciens, ne diffère qu'en apparence, elle a dans la conscience sa source première, son juge suprême, son principe de vie et de perfectionnement. Ses prescriptions, qui, aujourd'hui, se présentent à nous sous la forme d'articles de code, abstraits et exacts, ont été d'abord des sentiments et des pensées mouvants et individuels. Et il importe qu'elles soient constamment confrontées avec la conscience vivante des individus, si l'on ne veut pas qu'elles dégénèrent en scolastique et en routine. Car telle est la tendance naturelle des institutions humaines. Elles se détachent en quelque sorte de l'esprit qui leur a donné naissance, et, suivant une logique toute formelle, se définissent, se systématisent, se fixent, comme d'elles-mêmes, dans des formes achevées et rigides. Elles prennent alors l'aspect imposant des choses immuables ; mais, de plus en plus éloignées de l'homme, qui cherche et qui change, elles finissent par perdre leur sens spirituel pour se réduire à de vaines formules, et elles cessent d'être bienfaisantes. C'est par un contact incessant avec des esprits qui sont des consciences que la loi demeure concrète et vivante, modifiable et perfectible.

D'autre part, la concience individuelle ne peut se passer de la loi. C'est chimère de s'imaginer une conscience qui se développerait à elle toute seule. Dès que l'homme prétend dépasser l'animalité, il lui faut se servir de mots, de concepts, de règles, donc de ces généralités abstraites dont la loi est le résumé et l'expression la plus autorisée. De cette condition nul ne peut s'affranchir ; et si une conscience pouvait être strictement indépendante et individuelle, elle ne serait, en réalité, qu'une pensée livrée aux hasards des suggestions étrangères, ou de l'autosuggestion, qui n'en diffère qu'en apparence. Et de même que la conscience ne se réalise qu'en s'appliquant à des idées, à des traditions, à des lois, de même elle ne saurait se développer en se prenant elle-même pour fin unique. Le travail qui la fortifie et lui confère l'originalité véritable, c'est l'effort pour pénétrer l'origine, la signification et la valeur des lois, pour se les assimiler, les critiquer et les perfectionner. Il y a entre la conscience proprement humaine et la loi une affinité remarquable. En s'appliquant à la loi la conscience s'éveille ; et son œuvre est de créer des lois. On sait que le philosophe Kant se proposait de réaliser en lui-même, dans sa plénitude, l'autonomie de la conscience : il ne se satisfit qu'en se donnant des lois plus sévères que les lois communes. C'est en s'appuyant sur la loi qu'on se rend capable de la dépasser ; c'est en posant une loi plus universelle, plus juste, plus morale, plus digne du nom de loi, qu'on devient une conscience plus haute et plus libre.

D'où il suit que, d'une part, la loi ne peut, sans se changer en force aveugle et despotique, étouffer les consciences individuelles : elle sera d'autant plus rationnelle, vivante et capable de progrès, qu'elle assurera plus largement la vie, l'essor et le déploiement, même audacieux et aventureux, des consciences individuelles. D'autre part, la conscience ne peut, sans se renier, sans se réduire à l'isolement et à l'impuissance, mépriser ou tenir pour de simples lisières extérieures ces lois qui l'ont élevée, qui lui ont fourni le point d'appui nécessaire à son développement rationnel. Ce n'est pas par dédain transcendant, c'est avec la conviction très intime de ce qu'il y a de bon et de vrai dans la loi, alors même qu'elle se manifeste par des mesures injustes, que Socrate accepte la mort prononcée au nom des lois de sa patrie. Il entend ces lois lui dire : Traiter d'égal à égal avec les lois et la patrie, et leur rendre injure pour injure, coup pour coup, tenter de les détruire et de les perdre, alors que, sans elles, tu ne serais ni un citoyen ni un homme, appellerais-tu cela justice, toi qui fais profession d'être attaché à la vertu ?

En résumé, il faut renoncer à la métaphore commode de la forteresse, ou du sanctuaire intangible et inexpugnable, fermé à la loi, mais en dehors duquel la loi serait seule souveraine. Si habilement que soit faite la délimitation des deux domaines, elle restera artificielle. L'homme est un, comme le monde où il vit. Conscience et loi sont deux créations de l'esprit, non deux choses préexistantes et impénétrables. Regardez à travers les métaphores, cherchez le réel derrière l'abstrait et le scolastique, et vous verrez loi et conscience se mêler, et se déterminer l'une par l'autre. Là est la clef de l'histoire, là est la logique véritable, celle de la vie et de la raison, et non plus de la simple dialectique.

Cette pénétration doit être maintenue, favorisée, et réalisée le mieux possible dans les sociétés existantes.

Dans quelle mesure et de quelle manière la loi et la conscience pourront-elles et devront-elles se déterminer mutuellement ? C'est là le côté pratique de la question, lequel ne peut être abordé dans une étude d'introduction comme celle-ci ; car la solution de ce problème pratique variera nécessairement avec les conditions, extrêmement diverses, que présentent les sociétés existantes.

D'une manière générale, le rapport à établir entre la loi et la conscience dans une société donnée dépendra, en premier lieu, du degré de réalité, de développement, de vitalité de chacun des deux principes. Maintenir les progrès accomplis, d'un côté comme de l'autre, ouvrir la voie, ici comme là, aux progrès futurs : telle est la règle.

Il faut, en second lieu, considérer les conditions d'existence des individus et des sociétés. Un même développement de la vie individuelle ou de la vie sociale ne produirait pas, dans les différentes communautés humaines, des effets également salutaires. Si la cohésion de la communauté est menacée, c'est à la maintenir qu'on doit tendre ; si la dignité de la conscience est en péril, il faut travailler à la relever.

En troisième lieu, les solutions pratiques dépendront du degré d'accord des individus dans la poursuite d'un idéal commun. Car pénétrer dans les consciences n'est pas entreprendre sur leur autonomie quand on satisfait leurs tendances ; et, d'autre part, la loi peut, sans dommage pour elle, limiter son intervention, quand les individus, d'eux-mêmes, travaillent efficacement dans le sens de la volonté générale.

Si le principe même des rapports de la conscience et de la loi nous est donné par la vie plus que par la théorie, à plus forte raison en est-il ainsi des applications et de l'adaptation de ce principe aux diverses conditions des sociétés existantes. En ces matières, qui intéressent, non seulement l'unité systématique de nos connaissances, mais la destinée morale des individus et des nations, tous les progrès de la science ne sauraient empêcher que ne demeure vrai cet aphorisme de Gœthe :

Grau, teurer Freund, ist alle Theorie,
Und grün des Lebens goldner Baum.

« Toute théorie est grise, mon cher ami ; mais l'arbre splendide de la vie reverdit sans cesse. »

LE ROLE DE LA PHILOSOPHIE

dans le Passé et dans l'Avenir

Discours prononcé à l'Assemblée générale des professeurs de l'Université de Paris du 23 janvier 1904 (1)

(1) Publié dans la Revue Internationale de l'Enseignement, 1904.

LE ROLE DE LA PHILOSOPHIE

dans le Passé et dans l'Avenir

Monsieur le Ministre,

Monsieur le Vice-Recteur,

Messieurs,

Lorsque le Conseil de l'Université de Paris me confia la tâche de prendre la parole dans cette Assemblée générale, la première qui ait lieu depuis le vote de la loi des Universités, mon premier mouvement, je l'avoue, fut de décliner ce redoutable honneur. Mais venant à considérer, non plus mes forces, mais la branche d'études dont je suis l'un des représentants, je crus démêler, dans l'esprit de mes collègues, une pensée qui m'interdisait toute hésitation. Que signifie, en définitive, la réorganisation de nos Universités, sinon que, de l'aveu général, une simple juxtaposition de Facultés isolées, s'ignorant les unes les autres et prétendant chacune se suffire à elle-même, répond mal aux conditions de la recherche scientifique ; que la division du travail, certes, est indispensable à une investigation en tout sens, indéfiniment approfondie, telle que la science la réclame, mais que, les choses se mêlant et se pénétrant dans la nature, il est nécessaire, si nous voulons les connaître dans leur réalité, que nos études se combinent à leur exemple ; et qu'ainsi l'ensemble des maîtres et des élèves doit véritablement former une *universitas magistrorum et scholarium*, au sens, non plus d'une corporation munie de privilèges, mais d'une société d'esprits libres et ouverts, travaillant, chacun avec une compétence spéciale et tous dans un esprit d'entente et de solidarité, à la réalisation de l'œuvre commune ?

Telle est l'idée de l'Université moderne. Mais si l'on cherche un mot qui exprime ce dessein d'ordonner toutes les parties du savoir humain en un tout harmonieux, aujourd'hui encore on n'en trouve pas de meilleur que le nom antique de philosophie. Une Université, peut-on dire, c'est la philosophie tendant à se réaliser, non plus dans la conscience d'un individu, celui-ci s'appelât-il Aristote ou Leibnitz, mais dans la pensée impersonnelle d'une large et permanente association de travailleurs.

Cette remarque, qui, apparemment, explique ma présence à cette place, me dicte en même temps le sujet dont il convient que je vous entretienne. Je dois essayer de définir le rôle de la philosophie, comme effort de l'esprit vers l'unité et l'harmonie, dans la vie spéculative et pratique de l'humanité.

I

La philosophie, de tout temps, s'est proposé comme tâche l'unification du savoir. La méthode qu'elle y a employée a consisté, d'une part, à discerner les connaissances qui déjà étaient constituées comme science, d'autre part, à étendre aux autres connaissances, par voie de généralisation ou d'adaptation, la forme rationnelle qui distinguait les premières. C'est ainsi que, dès l'antiquité, les mathématiques ont été reconnues par les Pythagoriciens comme réalisant l'idée de science. En sorte que Platon, approfondissant et spiritualisant les formes mathématiques, essaya d'y soumettre immédiatement la réalité tout entière, dans ses éléments qualitatifs aussi bien que dans ses relations quantitatives. Ainsi posé, le problème était trop vaste, et plus conforme aux aspirations de l'esprit qu'à la nature des choses. Il fallut diviser la difficulté.

Abordant tout d'abord les phénomènes mécaniques et physiques, Galilée et Descartes trouvèrent le moyen de les relier aux déterminations mathématiques, en cherchant l'explication de leurs manières d'être, non plus dans leurs côtés qualitatifs, dont nous ne réussissons pas à nous faire une idée claire, mais dans telle ou telle des grandeurs mesurables qu'ils offrent à l'observation. Sur ce fondement, la physique, imitant à sa manière les mathématiques, se constitua comme science.

Puis ce fut le tour des connaissances relatives aux êtres vivants. La spontanéité qui se manifeste chez ces êtres écartait, semblait-il, la possibilité de les ranger sous les lois d'une science véritablement analogue aux sciences déjà établies. Mais un physiologiste philosophe, Claude Bernard, appliquant méthodiquement l'expérimentation à la production des phénomènes vitaux, montra comment on peut concevoir un déterminisme biologique, suffisant pour rapprocher l'étude de la vie des sciences de la matière brute.

L'homme, toutefois, dans ce qui lui est propre, sa faculté sociale et politique, sa conscience de soi, ses idées de devoir, de justice et de progrès, ne devait-il pas, à tout jamais, former, dans la nature, un règne à part, interdit à une science dont l'objet est précisément d'expliquer les phénomènes où la réflexion et la raison n'ont aucune part ? Il ne s'agissait, ici encore, que de regarder les choses d'un certain biais, pour qu'elles offrissent à l'esprit une matière analogue à celle des sciences déjà constituées. C'est l'invention que pensa réaliser Auguste Comte, et en laquelle il voyait le principal titre de sa philosophie. Il exposa comment la science pourrait étendre sa compétence à l'étude des sociétés humaines elles-mêmes, si, procédant, non plus des parties au tout, comme elle fait dans l'étude des phénomènes physiques, mais de l'ensemble au détail, elle s'attachait à démêler, dans les grands faits humains, les rapports de filiation historique qui mettent entre eux une continuité. De tels rapports pouvaient, semblait-il, se réduire en lois dynamiques de développement, analogues, sinon semblables, aux lois statiques des sciences de la matière.

Cependant Auguste Comte avait cru devoir dénier à l'ordre d'études appelé psychologie la possibilité de devenir une science distincte, parce qu'il ne jugeait pas que le phénomène psychologique se prêtât lui-même à l'investigation proprement scientifique. Le psychique, suivant lui, devait être renvoyé, pour une part, à la biologie, pour l'autre à la sociologie. Mais avec les habiles psychologues de notre temps, les phénomènes de conscience, à leur tour, y compris la forme d'individualité qui les caractérise, sont devenus l'objet d'une science spéciale. Le biais employé a consisté à considérer ces phénomènes, non seulement en eux-mêmes, mais dans les manifestations physiques concomitantes, et en postulant, ainsi que nous y invite l'expérience, un constant et exact parallélisme entre le physique et le psychique.

Enfin, il n'est pas jusqu'aux choses morales proprement dites, aux sentiments des hommes touchant le bonheur, le devoir, la fin de la vie humaine, la valeur idéale des actions et des êtres, qui n'apparaissent aujourd'hui comme la matière possible d'une science de mœurs, analogue aux sciences physiques et naturelles. L'appel à l'inconscient suffit, semble-t-il, à écarter l'objection essentielle, celle qui se tirait des caractères spéciaux de l'idée d'obligation morale. Tout se passe, peut-on dire, comme si notre sentiment de l'obligation n'était autre chose que la traduction, au sein de la conscience et dans son langage, du rapport de dépendance, inaperçu en lui-même, mais inéluctable, qui lie la personne à ses conditions d'existence. Ce point admis, l'on peut, négligeant les notions transcendentales qui semblent impliquées dans la vie morale proprement dite, ne plus voir, dans ses manifestations les plus sublimes, que des faits déterminés par d'autres faits suivant des lois, ce qui est la condition nécessaire et suffisante de la science positive.

Tel a été, de l'antiquité classique jusqu'à nos jours, le progrès de l'unification du savoir. Et aujourd'hui il semble bien que cette œuvre puisse être considérée comme accomplie dans ses parties essentielles. Car après que l'homme lui-même, dans toutes les manifestations de sa nature, a été reconnu comme objet de science possible, en un sens qui rappelle sensiblement celui que physiciens et naturalistes donnent à ce mot, on ne voit pas quel domaine de la réalité pourrait encore être tenu pour irréductible. La philosophie a rempli la fonction qu'elle avait assumée. Elle n'a pas précisément ramené tous les ordres de connaissance à une science unique, comme rêvaient de le faire les premiers philosophes. Elle a compris de mieux en mieux que le concept général de science ne pouvait s'appliquer aux formes diverses de la réalité que par une série d'adaptations, de modifications appropriées. Mais en ce sens elle a établi entre les différentes sciences une analogie telle que, non seulement chacune, à sa manière, se présente avec les traits essentiels du savoir scientifique, mais que toutes peuvent entrer en rapport les unes avec les autres, et s'entr'aider, s'associer, se combiner, de façon à imiter, avec une perfection toujours croissante, la complexité et la richesse infinies de la nature. Sans doute, d'un domaine à l'autre, objet et méthode varient notablement. Mais partout nous avons affaire à des termes définis, liés entre eux par des rapports constants ; et ce caractère commun suffit à assurer ce qu'on appelle sommairement l'unité de la science. Grâce à cette homogénéité relative, l'esprit scentifique est désormais une forme de pensée précise et communicable ; et les hommes peuvent se concerter pour étudier, au moyen d'une intelligente division et association du travail, toutes les parties et tous les ensembles dont se compose la réalité.

Et cette organisation du savoir est bien l'œuvre de la

philosophie. Car d'où serait venue la conception générale de l'idée de science et l'accommodation de cette idée aux divers objets à connaître, sinon d'une pensée qui dominait à la fois et les choses et ses propres connaissances, qui confrontait celles-ci avec celles-là, et qui inventait, autant qu'elle découvrait, des méthodes propres à résoudre les diversités en analogies, la discontinuité en continuité ?

II

Par là nous voyons clairement ce que la philosophie a fait dans le passé. Le rôle qu'elle doit jouer dans l'avenir est plus obscur. La fin qu'elle a poursuivie, elle l'a atteinte. Elle a vaincu tous les obstacles, et sa victoire paraît complète. Mais elle-même y survit-elle, encore capable d'une activité utile et féconde, ou ne se serait-elle pas abîmée et ensevelie dans son triomphe même ? Un moule est nécessaire pour couler une statue ; mais, celle-ci achevée, on brise le moule et on le met au rebut. Il a fallu une action créatrice de l'esprit pour constituer et coordonner les sciences ; mais, celles-ci désormais organisées, une telle action n'a plus de raison d'être. En fait, c'est en se sacrifiant et en se renonçant que l'esprit a créé les sciences ; car cette opération a consisté à écarter, comme subjectives et fictives, toutes les idées où il met du sien, pour ne plus connaître que deux choses : les faits et leurs relations, tels qu'ils nous sont donnés, du dehors, par la réalité observable. Objectivité et déterminisme expérimental : telles sont les deux conditions de la connaissance scientifique. L'esprit, donc, n'y exerce aucune initiative véritable. Ses anticipations ne sont plus que des hypothèses, qui attendent le jugement des faits. Son rôle ne tend qu'à lire docilement, humblement, dans les livres de la nature, sans jamais se permettre de substituer ses imaginations au discours inscrit dans les choses mêmes. Et ainsi, la philosophie n'est plus aujourd'hui, semble-t-il, que l'histoire, glorieuse, mais close, des tâtonnements, des erreurs, des expériences, des révoltes, des épreuves, des sacrifices, des renonciations, à travers lesquels l'esprit humain, qui d'abord se faisait fort de trouver en lui-même les germes de toute science et de se suffire, a peu à peu confessé son infirmité, son impuissance de connaître autrement que par une totale et perpétuelle soumission aux faits. La philosophie a engendré en mourant elle-même. Née de sa mort, la science, désormais, la remplace.

Telle paraît être la situation actuelle. Il est remarquable pourtant que, parmi les philosophes mêmes qui ont le plus contribué à établir la science dans les derniers domaines qui lui semblaient fermés, plusieurs, et non des moindres, ne jugent nullement que le rôle de la philosophie soit terminé par là.

Citerai-je Auguste Comte, qui, ayant achevé, à son point de vue, par la création de la sociologie, l'organisation de la science, déclara que cette œuvre, prise dans son ensemble, loin de constituer ce qu'il entendait par le positivisme, n'en était que l'introduction, et que, dans l'œuvre qui restait à accomplir pour réaliser l'idée de la plus parfaite humanité, objet suprême de ses efforts, l'élaboration intellectuelle devait être subordonnée à l'inspiration morale et subjective ?

Mentionnerai-je Herbert Spencer, répétant avec une insistance croissante, jusqu'à son dernier jour, que la science, l'intelligence, la raison n'est pour nous qu'un instrument, et que s'en remettre à la raison toute nue du soin de gouverner l'homme est aussi irrationnel que de juger nos yeux suffisants pour nous dire où nous devons aller.

On sait quel rang tiennent, parmi les initiateurs de la psychologie comme science positive, des hommes tels que Wundt, William James, Hœffding.

Or Wundt maintient que l'explication spécifiquement scientifique est insuffisante pour satisfaire le besoin d'unité inhérent à l'esprit, et que, ce besoin étant indestructible, la philosophie, en tant qu'elle s'applique à y répondre, demeure elle-même indispensable à l'humanité.

Selon William James, notre psychologie actuelle, séparée de la métaphysique, n'est pas la science définitive de l'âme, ce n'est encore qu'un travail préparatoire. A mesure qu'elle serrera de plus près son objet, la psychologie, par la force même des choses, se fera de plus en plus métaphysique.

Pour Hœffding, la science, loin d'absorber et de dissoudre la personnalité de l'esprit, la reflète ; et si l'esprit y goûte une joie si intense, c'est qu'il y reconnaît une image de l'unité qu'il poursuit.

Un éminent philosophe, très passionné pour les conquêtes de la science, dont il a fait une étude spéciale, le professeur Aloys Riehl, se demandant quelle leçon s'en dégage pour le penseur, conclut par cette parole : *Zur Philosophie zurück !* Revenons à la philosophie, non sans doute à cette métaphysique, qui, derrière les phénomènes, croyait saisir un monde d'entités suprasensibles, mais à une exploration de la conscience humaine, où se découvrent les principes de ces jugements de valeur et d'excellence, dont l'humanité ne saurait se dédire, et pour lesquels le monde des phénomènes ne fournit aucune base.

Voilà ce qu'écrivent d'ardents propagateurs des méthodes scientifiques. Or il ne semble pas que l'événement vienne leur donner tort.

Et d'abord, si la science a pu étendre indéfiniment son domaine, c'est en renonçant à ranger toutes les espèces de phénomènes sous un type unique de lois, tel que la relation mathématique ou mécanique. S'adaptant de son mieux à l'objet à connaître, la science se diversifie, dans ses méthodes et ses modes d'explication, autant qu'elle peut le faire sans compromettre son unité formelle. De plus, à mesure qu'il s'agit de phénomènes plus difficile à saisir, le savant, au lieu d'en aborder immédiatement toutes les espèces, s'attache à discerner celles qui sont le plus à sa portée ; il s'avance ensuite progressivement de la connaissance de celles-ci à l'exploration des autres. En fait, aujourd'hui encore, la sociologie, la psychologie, et même, sur certains points, la biologie, présentent un mélange, parfois difficilement réductible, de notions proprement scientifiques et de notions plutôt philosophiques. La science proprement dite n'atteint peut-être qu'au seuil de la vie, surtout de la vie consciente et morale ; ou encore, la science, pour s'adapter à ces réalités insaisissables, s'assouplit et se spiritualise à ce point qu'elle rejoint insensiblement la philosophie. Car la philosophie, elle aussi, a toujours fait profession de chercher une explication naturelle et impersonnelle, donc scientifique des choses, en postulant, il est vrai, que la raison fût elle-même reconnue pour une pièce réelle et efficace de la nature.

Mais ce n'est pas seulement pour explorer les régions obscures de la réalité donnée, et à titre plus ou moins provisoire, que de nombreux esprits, parmi ceux-là mêmes qui s'adonnent spécialement aux sciences, font, de nos jours, appel à la philosophie. Il n'en est plus aujourd'hui du rapport entre savants et philosophes comme à cette époque, récente encore, où, la philosophie étant considérée, je ne sais pourquoi, comme une branche de la littérature, l'on s'ignorait des deux parts, à moins que l'on ne prît à tâche de se contredire mutuellement. Aujourd'hui, ce ne sont pas seulement les philosophes, ce sont les savants de profession qui s'interrogent sur des problèmes tels que : la nature des méthodes scientifiques, la part de l'expérience et celle de l'esprit dans l'invention de ces méthodes, la nature et la valeur de ce qu'on appelle une théorie, la signification rationnelle des résultats de la science, le sens précis de la doctrine de la relativité de nos connaissances, les aperçus que la science peut fournir sur le fonds obscur d'où jaillissent les phénomènes qui s'offrent à nous. Sur maint sujet de ce genre les savants contemporains publient de profondes études, qui nous rendent le temps où un Descartes méditait sur la signification de la certitude mathématique, où un Newton dissertait sur la nature de l'espace. De ces études, les données des sciences sont la matière ; mais l'induction proprement scientifique ne suffit pas à en expliquer les conclusions. Sur cette matière a visiblement travaillé un esprit qui a ses besoins, ses lois, son évidence, qui croit à sa dignité et à sa puissance, d'un mot, un esprit philosophique.

Le phénomène que nous observons dans l'ordre de la spéculation est plus manifeste encore à propos de la vie pratique. Dans ce domaine surtout, il est visible que les esprits attentifs à chercher le mieux ne se contentent pas de recueillir et de généraliser telle ou telle notion fournie par les sciences positives. La biologie, l'histoire, le droit, la sociologie suggèrent à l'intelligence des principes multiples et divers. Entre ces principes, nous avons résolu, dédaignant ceux qui n'expriment que la force brute ou l'inertie des choses, de nous déclarer pour les plus généreux, les plus élevés, pour ceux qui doivent faire l'humanité la plus belle, la plus grande et la plus heureuse. Comment démontrer scientifiquement que ces principes-là sont les vrais ? Quel motif tiré des faits tout seuls nous déterminera à les embrasser ? L'adoption de ces principes implique la subordination de l'individu à la communauté, du présent à l'avenir, le refoulement de l'égoïme et l'exaltation du dévouement, l'affirmation d'une justice pénétrée d'amour et de bonté, dont l'antique justice de simple réciprocité semblait à peine contenir le germe. Or pour se proposer de telles fins il ne suffit pas d'en avoir vaguement l'idée, il faut les vouloir, il faut, par un effort nécessairement pénible s'il doit être soutenu, réagir contre la pente naturelle de l'homme vers le présent, vers la paresse et l'amour du bien-être. Il faut agir, au sens véritable et humain du mot : car, en dépit des apparences ou des théories, ni le milieu, ni l'habitude, ni l'éducation, ni l'évolution, qu'on invoque comme une providence, ne suffisent à faire un homme : il faut qu'il se fasse lui-même.

Ce ne sont donc pas des notions purement scientifiques, simples expressions des faits donnés, que ces idées de justice, de solidarité, de personnalité de liberté, de dignité, d'égalité, d'humanité, où nous cherchons des règles pour notre conduite. Ce sont des principes où, certes, les faits ont leur part, mais que la libre activité de l'esprit peut seule constituer comme réalités vivantes et efficaces. Ce sont des notions philosophiques.

Ainsi, selon ce que nous observons, la philosophie, loin de s'être dissoute au contact des sciences positives, s'est, au contraire, réveillée et remise à l'œuvre avec une ardeur nouvelle. Plus ou moins consciente d'elle-même, elle jaillit des recherches mêmes de la science positive ; et ce ne sont pas les savants proprement dits qui se plaisent le moins à y exercer leur génie, excité, non épuisé par la prise de possession du monde des phénomènes.

Que faut-il penser de ces préoccupations ? Ne serait-ce pas là simplement un reste ou un retour de tendances qui jadis ont pu être puissantes dans l'esprit humain, mais que leur désaccord avec le tour qu'il a pris définitivement condamne à disparaître ?

Il faut en convenir. La science, désormais, existe et se développe, sans nul recours à la philosophie. Elle a, dans les faits observables et dans le calcul, ses instruments de recherche nécessaires et suffisants. On en peut dire autant de la vie pratique : elle-même ne suppose nullement la méditation de théories philosophiques sur l'objet et la forme idéale de l'activité humaine : les forces impulsives de l'âme, la tradition, la pression des conditions d'existence, l'imitation ou le goût du changement, les ressources de l'intelligence et de la science, sont, à elles seules, des causes efficaces et des moyens d'action.

Mais si de tels principes nous suffisent, en tant que

nous ne voulons que savoir ou agir, il ne s'ensuit pas qu'ils donnent à eux seuls satisfaction à l'homme qui veut réfléchir sur son savoir, ou s'interroger sur les fins de son activité. Et qui pourrait interdire à l'homme de réfléchir ? Qui oserait lui répéter que l'homme qui pense n'est qu'un animal dépravé ?

Or, si l'on examine à ce point de vue le tableau idéal que la science tend à substituer à la réalité observable, on n'y trouve autre chose que des relations abstraites posées entre les termes dont aucun ne représente un être véritable. Ce n'est, en effet, qu'en écartant, de plus en plus rigoureusement, la considération de la nature intrinsèque des choses, pour n'étudier que leurs rapports, que la science peut parvenir à cette parfaite objectivité, à cette rigueur d'enchaînement, à cette généralité et à cette simplicité, qui sont les conditions de sa perfection. D'autre part, la vérité de la science ne consiste plus pour nous dans ses qualités intrinsèques, dans sa clarté, sa conséquence logique, son accord avec les aspirations de l'esprit. Elle est vraie parce qu'elle exprime, non les vues de notre esprit, mais la réalité donnée, et elle exprime cette réalité, parce qu'elle en est extraite, autant du moins qu'il nous est possible de faire d'une donnée de l'expérience une proposition scientifique sans la façonner en quelque manière.

Un système de rapports abstraits substitué à une réalité inconnaissable, et tirant sa vérité de sa conformité à cette réalité même : telle est, en raccourci, l'idée de la science. Mais comment, si nous venons à réfléchir sur cette conclusion, nous défendre d'un sentiment d'étonnement ? Comment éviter de nous demander sur quoi peut bien reposer l'affirmation d'une correspondance entre un terme connaissable et un terme inconnaissable, entre un portrait qui est sous nos yeux, et un original que nous ne verrons jamais ? Si ce problème naît de la science, il n'est pas lui-même scientifique. Aussi les savants qui, se rappelant qu'ils sont aussi des hommes, sentent le besoin de se le poser, constatent-ils bientôt que la science, sur ce point, nous laisse en quelque sorte dans un carrefour. Diverses directions sont possibles, et la science, à elle seule, n'en détermine aucune. Supposez, dès lors, que l'on veuille juger par raison, et non pas simple sentiment, des opinions que se font les hommes sur la nature des choses : il sera nécessaire de chercher si, outre les instruments de la science proprement dite, nous ne possédons pas quelque autre moyen de communiquer avec le réel.

Il en faut dire autant, à plus forte raison, de la réflexion appliquée à la vie pratique. Chez l'homme, en tant qu'il use effectivement de sa raison, la pratique suppose la représentation distincte d'une fin, c'est-à-dire d'une forme d'être qu'il vise à réaliser. Mais pour que je m'attache à cet objet idéal, il faut que je lui attribue une valeur. Je ne me tourmenterai, il est vrai, d'aucun scrupule à ce sujet, si je ne réfléchis pas, mais je m'abandonnerai, la conscience en repos, à la suggestion quelconque que mon instinct ou ma passion, ou les influences extérieures auront fixée dans mon imagination. Il n'en va plus de même si je veux vraiment user de ma puissance d'homme et réfléchir. Alors je m'interroge sur la valeur de l'objet à réaliser. Et de la science toute seule je ne puis tirer la réponse. La science ne peut attribuer à une conception d'autre valeur que celle qui consiste à représenter fidèlement des faits passés, présents ou à venir. La question de savoir si telle combinaison d'éléments, qui ne sera peut-être jamais réalisée, a néanmoins une valeur et doit me servir de règle est, au point de vue scientifique, dénuée de sens. Que signifie surtout, aux yeux de la science, la question inéluctable, celle qui se pose pour moi à propos de chacune de mes actions, si je réfléchis. Mon attachement sincère et vigoureux à mes opinions, à mes goûts, à mes intérêts, à mes habitudes, à mon bien même, est-il une preuve suffisante de leur valeur et de leur importance ; et ne se pourrait-il pas qu'il y eut plus de vérité et d'excellence dans les idées des autres, dans le bien de la communauté, dans la beauté et la grandeur de l'humanité et du tout ? Certes, la science est bien indifférente à cette question, elle qui, au fond, ne connaît ni individus, ni communautés, ni univers, mais seulement des rapports relativement complexes, résolubles en rapports relativement simples. Il est donc nécessaire, si je veux adhérer à telle ou telle fin par un consentement autre que l'acceptation passive ou la foi aveugle, que je franchisse les limites de la pure connaissance scientifique et que je cherche quelque point d'appui dans cette réalité vivante, que la science, sans doute, déclare scientifiquement inconnaissable, mais dont elle ne songe pas à nier l'existence et la valeur aux yeux de la raison.

C'est ainsi que la philosophie surgit naturellement de la science comme de la pratique, si on y applique la réflexion.

Pour se développer toutefois, et ne pas demeurer à l'état de rêve ou d'aspiration vaine, la philosophie dispose-t-elle de véritables sources d'information ? On jugera qu'elle en possède, si l'on considère que, en dehors de sa contribution à l'œuvre proprement scientifique, elle a, dans le cours de son développement historique, engendré, sur la vie et sur le monde, maintes conceptions qui ont prouvé leur valeur par leur vitalité même, et qui, aujourd'hui encore, sont des pièces de notre raison et de notre être moral.

Une première source de connaissance philosophique, c'est l'histoire générale de l'esprit humain. Cette histoire ne nous fait pas seulement connaître la série des conceptions et des systèmes où l'humanité a résumé ses vues sur le monde et sur elle-même. Elle est comme une dialectique vivante à travers laquelle on voit la raison se former, se développer et assurer sa marche.

Une seconde source est l'intuition de l'être dans notre conscience. C'est en confrontant les résultats de l'observation et de la synthèse objectives avec cette intuition intérieure irréductible, que, de tout temps, on a philosophé, et que l'on philosophe aujourd'hui encore : qui sait tout ce que peut dévoiler à la réflexion méthodique et approfondie cette perception immédiate de l'être visiblement si puissante chez le poète, chez le musicien, chez le savant de génie !

Enfin l'homme dispose d'un troisième mode de contact avec le réel : c'est l'action, par laquelle il s'efforce d'imprimer sa trace dans les choses, et de se survivre. L'action, chez l'homme de volonté et de réflexion, éclaire mainte région de l'âme, inaperçue de celui qui n'existe que comme chose ou comme animal, et qui ne relève, dans ses mouvements, que des lois d'inertie ou d'adaptation.

Il importe, d'ailleurs, de remarquer que la philosophie n'est plus entendue aujourd'hui, en général, comme elle l'était avant les restrictions de la critique moderne. Jadis elle se croyait en possession des lois universelles de la réalité, et, à ce titre, elle prétendait fournir leurs principes aux sciences positives. Cette philosophie est celle que Kant a appelée dogmatique, et dont il a démontré la vanité. Aujourd'hui, il est reconnu que la science se suffit. Elle explique les faits en les reliant à d'autres faits suivant des lois immanentes, et ainsi elle ne suppose d'autres organes que l'observation et l'induction. Cette vérité, que la philosophie a, pour sa part, contribué à établir, lui trace à elle-même la voie qu'elle doit suivre. Au lieu de prétendre marcher devant les sciences pour les diriger, la philosophie n'entre en scène qu'après que les sciences se sont développées dans leur spontanéité. Elle est la réflexion de l'esprit sur les résultats et les méthodes des sciences : à travers ces faits donnés, qui sont encore, en quelque manière, des objets et des choses, elle ramène l'esprit sur lui-même, leur source vivante.

Ainsi entendue, si elle suppose les sciences positives,

elle n'en est pas, pour cela, un simple prolongement. Celles-ci étudient ce qu'on appelle proprement les choses, c'est-à-dire les phénomènes juxtaposés dans l'espace et dans le temps, tandis que la philosophie développe, à l'aide des connaissances scientifiques elles-mêmes, la notion ou plutôt la vie de notre être intérieur, de cette personnalité, irréductible aux phénomènes, dont l'intuition, faible ou distincte, accompagne toutes nos représentations, et sans laquelle il n'y aurait pas, pour nous, de monde, de matière, de phénomènes. La science est la transmutation du chaos des choses en formules maniables pour l'intelligence, la philosophie est la personne qui se fait. La philosophie explique pourquoi l'homme a le droit d'exercer l'empire que lui confère la science, et détermine les fins idéales en vue desquelles il convient qu'il l'exerce.

Dès lors la philosophie et la science, loin de se contrarier, concourent à élever l'esprit humain. La science efface les différences qui semblent séparer les êtres, et réduit tout ce qui nous apparaît à ne former qu'une nature, soumise dans toutes ses parties à des lois analogues, suffisamment homogènes pour pouvoir se combiner entre elles et étendre à l'infini notre action sur les choses.

Mais si la science établit ou tend à établir l'unité dans le monde matériel, elle ne suffit pas à la réaliser parmi les esprits, au sens où ceux-ci la réclament. L'unité des choses, c'est leur identité radicale, à travers la diversité de leurs manifestations. Or, transporté purement et simplement dans le monde des personnes, ce mode d'unité, qui ôte toute valeur à ce qui distingue et individualise les êtres, n'en laisserait subsister que la vaine apparence, et changerait, en réalité, les personnes en choses. Aussi voyons-nous que la similitude de culture scientifique ne suffit pas à cimenter les sociétés humaines. Les hommes cherchent autre chose que l'unité dans l'identité. Les personnes tendent à ce qu'on nomme l'harmonie, sorte d'union plus intime et plus subtile, où chacun reste soi, tout en se fondant avec l'ensemble, où l'individu est une fin pour le tout, en même temps que le tout est une fin pour les individus.

Cette sorte d'unité, pour être intelligible, ne doit pas être conçue comme une forme donnée et matérielle, telle que la peut représenter l'imagination. Bien plutôt la faut-il chercher dans la disposition commune des volontés à réaliser, chacun selon sa vocation, un idéal qui comporte une infinité d'expressions, cela même que nous appelons tour à tour raison, justice, amour, bonté, liberté, bonheur, car nous n'avons point de nom adéquat pour cet objet, dont l'idée grandit avec notre effort pour le définir ; et c'est en multipliant et variant les appellations que nous avons encore le plus de chances d'en traduire sans trop d'infidélité l'excellence, faite de richesse et d'unité, de diversité et de conciliation.

S'il est vrai que, non content d'unifier les choses par la détermination de leurs rapports, nous devions encore, pour faire jusqu'au bout notre métier d'hommes, réaliser l'harmonie des esprits et des cœurs, la philosophie conserve son rôle à côté de la science ; car, selon sa tradition constante, elle travaille précisément à développer pour elle-même la puissance propre de l'esprit, qui déjà se manifeste dans les sciences ; elle vise à créer des personnes, c'est-à-dire des consciences à la fois distinctes et ouvertes les unes aux autres, capables de se comprendre mutuellement, de penser et de sentir ensemble, s'efforçant, dans leur libre et immatérielle union, de réaliser la fin commune et universelle par excellence, le règne de la raison.

Et l'état présent de la société paraît réclamer plus particulièrement l'intervention et l'action de la philosophie.

Si nous nous demandons quelle est la caractéristique de notre âge, comparé au précédent, nous la trouvons, ce semble, dans le trait suivant : Le siècle dernier, s'étant donné pour tâche de rétablir un ordre de choses cohérent et stable, comme terme de l'œuvre de critique et de révolution accomplie par le XVIIIe siècle, avait adopté, dans cette vue, une méthode logique et pratique, qui pendant longtemps satisfit les meilleurs esprits. Cette méthode consistait à définir exactement la nature et les droits de chacune des formes d'existence données, et à les séparer les unes des autres, conformément à ces définitions, par des barrières infranchissables. Chacun chez soi : tel était le principe. Démarcation entre le temporel et le spirituel, entre l'Etat et la société, entre les différentes classes et groupes de la nation ; démarcation entre les individus, dont la liberté ne connaissait d'autre obligation stricte que de laisser intacte la liberté d'autrui ; dans l'ordre intellectuel et moral ; démarcation entre la science et la vie, entre la philosophie et la religion, entre la théorie et la pratique, entre la morale et la politique, entre la justice et la charité, entre l'art et l'utile, entre la littérature et le réel, entre les lettres et les sciences, entre les diverses spécialités scientifiques ou littéraires, entre les divers ordres d'enseignement, entre l'éducation et l'instruction ; au sein même de l'individu, démarcation entre les différentes facultés de l'âme, intelligence, sensibilité, volonté, entre les besoins intellectuels et les besoins moraux ou religieux, entre les actes publics et le for de la conscience, entre le citoyen, l'homme, le croyant, le fonctionnaire, le représentant d'une profession, le chef de famille, le patriote, l'ami de l'humanité : partout se retrouvait ce mode précis d'organisation, qui se résume, semble-t-il, dans la classification logique, appliquée à toutes nos pensées et à toutes nos actions.

Or, si claire et si pratique que fût cette conception du rapport des choses et des hommes, il est constant qu'elle ne nous suffit plus. Le souffle qui, de toutes parts, passe à travers le monde jette à bas toutes les barrières qu'il rencontre. Une démarcation, aujourd'hui, c'est un mur de clôture à abattre, c'est un libre passage à frayer. En nos esprits s'est établie l'idée d'une spontanéité foncière, d'une pénétration et d'une collaboration intime de tous les êtres, que méconnaissent et gênent ces concepts logiques et ces inflexibles délimitations. Ne devons-nous pas nous approprier et développer, suivant notre raison, l'unité et la vie commune ébauchées dans la nature, au lieu d'y opposer nos systèmes de coordination externe et d'isolement ?

Sous l'empire de cette idée, nous passons en revue toutes les formes d'existence dont se compose notre vie : famille, société, patrie, humanité, individualité, collectivité, science, art, religion, morale, liberté, droit, justice, égalité, bienfaisance, éducation, instruction ; et nous nous demandons s'il est possible qu'aucune de ces formes subsiste sans subir des modifications profondes.

Ne nous abusons pas toutefois : l'unification et l'identification pure et simple ne serait pas chose moins artificielle et moins caduque que le rigide cloisonnement logique. Si la réduction des êtres en choses extérieures les unes aux autres est l'atomisme, leur absorption en un tout indistinct est le chaos. Ce n'est pas le renversement pur et simple de toutes les barrières, c'est une juste et intime conciliation de l'ordre et de la vie, de l'identique et du divers, de l'un et du multiple, de la coopération et de l'autonomie, de la subordination et de l'indépendance, que doit susciter le besoin nouveau, si l'on veut qu'il engendre des créations durables et bienfaisantes.

Or qu'est-ce que cette recherche délicate de rapports internes, souples, intelligents et en quelque sorte vivants, entre les parties et le tout et par suite entre les parties elles-mêmes, sinon le problème philosophique proprement dit, tel que nous l'ont légué les Platon, les Aristote, les Leibnitz, tel qu'aujourd'hui encore nous sommes amenés à le définir. C'est l'office de la philosophie de maintenir rationnellement la valeur des différences, des formes définies, de la logique, des formules et des règles, tout en dégageant celle de l'union intérieure et de la spontanéité vivante, de chercher à comprendre comment on peut distinguer sans séparer, rendre les êtres pénétrables les uns aux autres sans les dépouiller de leur existence propre.

Mais dans l'état où se présentent aujourd'hui les problèmes, étant donné l'infinie variété et complexité des connaissances et des conditions d'existence, à qui appartient-il désormais de constituer une telle philosophie, œuvre, non de systématisation abstraite et dogmatique, mais d'intelligence souple et libre, de largeur d'esprit, de savoir en tout sens, profond et serein, d'entente intime entre les représentants de tous les grands intérêts de l'humanité, si ce n'est à l'Université telle que nous la comprenons maintenant, à l'Université, une avec la société tout entière, mais concentrant en elle et faisant communiquer toutes les manières de penser de cette société, toutes ses tendances, toutes ses aspirations ?

Non seulement donc la philosophie conserve pour l'avenir, et en particulier pour notre avenir immédiat, une importance et un rôle considérables, mais c'est l'Université, dans sa multiplicité une, qui désormais en doit être le foyer, le centre de création et de rayonnement. S'il en est ainsi, il convenait, à coup sûr, que, dans l'Assemblée présente, le nom de la philosophie fût prononcé.

TABLE DES MATIÈRES

18

www.ingramcontent.com/pod-product-compliance
Ingram Content Group UK Ltd.
Pitfield, Milton Keynes, MK11 3LW, UK
UKHW022008170726
13837UKWH00001B/58

9 782329 180465